BEWEGUNGSSPIELE FÜR ZWISCHENDURCH

Silke Hubrig

Gesundheitsförderung in der Kita ganz praktisch

Verlag an der Ruhr

IMPRESSUM

Titel
Gute Kitapraxis!
Bewegungsspiele für zwischendurch
Gesundheitsförderung in der Kita ganz praktisch

Autorin
Silke Hubrig

Umschlagmotive
Kinder auf Wiese: © davit85; Illustrationen Katze und Hund: © AmySachar;
Blume: © KatyaKatya – alle stock.adobe.com

Motive im Innenteil
Icons Glühbirne, Ausrufezeichen: © reeel;
Illustrationen: © AmySachar – alle stock.adobe.com

Lektorat
Juliane Baumann

Druck
AZ Druck und Datentechnik GmbH, Kempten, DE

Verlag an der Ruhr
Mülheim an der Ruhr
www.verlagruhr.de

Geeignet für Kinder von 3–6 Jahren

ISBN 978-3-8346-4515-9

INHALT

Vorwort ... 4

1. GESUNDHEIT UND BEWEGUNG IN DER KITA – GRUNDLAGEN ... 5
- Was bedeutet Gesundheit? ... 6
- Der Zusammenhang von Gesundheit und Bewegung bei Kindern ... 6
- Viele Kinder bewegen sich zu wenig – warum? ... 7
- Die Folgen des Bewegungsmangels ... 9
- Was brauchen Kinder an Bewegung für eine gesunde Entwicklung? ... 10
- Und wenn ich ein Bewegungsmuffel bin? ... 13
- Was es bei Bewegungsangeboten in der Kita zu beachten gibt ... 15
- Raumgestaltungen, die zu Bewegung anregen ... 18
- Materialien, die zu Bewegung anregen ... 20

2. BEWEGUNGSSPIELE IM GRUPPENRAUM ... 21

3. BEWEGUNGSSPIELE IN DER AUFRÄUMSITUATION ... 33

4. BEWEGUNGSSPIELE FÜR WARTEZEITEN ... 41

5. BEWEGUNGSSPIELE AUF DEM FLUR ... 49

6. BEWEGUNGSSPIELE AUF DEM AUßENGELÄNDE ... 59

7. RAUS AUS DER KITA IN DEN STADTTEIL ... 67

8. BEWEGUNGUNG UND ENTSPANNUNG BILDEN EINE EINHEIT ... 73

9. ELTERNABEND: ÜBER DIE BEDEUTUNG VON BEWEGUNG FÜR KINDER INFORMIEREN ... 81
- Stichpunkte für den Elternabend-Vortrag ... 82
- Die Eltern beim Elternabend aktivieren ... 84
- Den Eltern Tipps für ihren bewegten Familienalltag geben ... 87
- Bei einem Eltern-Kind-Nachmittag gemeinsam in Bewegung kommen ... 88

Ein paar Worte zur Aufsichtspflicht in Bewegungssituationen ... 91

Quellen- und Literaturhinweise ... 92

Register der Bewegungsspiele ... 94

Vorwort

Bewegung ist **gesund.** Sie ist grundlegend wichtig für eine gesunde körperliche, kognitive, psychische und soziale Entwicklung. Jedoch ist Gesundheit für Kinder kein Motiv, sich zu bewegen. Das liegt daran, dass Kinder sich meist gesund fühlen. Kinder bewegen sich aus Lust und Freude an der Bewegung. Grundsätzlich ist jedem Kind ein hoher **Bewegungsdrang** angeboren, was ja auch sinnvoll ist, wenn man bedenkt, wie relevant Bewegung für eine gesunde kindliche Entwicklung ist. Leider sind die Bewegungsräume für Kinder, insbesondere in den Städten, zunehmend weniger oder enger geworden. Viele Kinder leben mit ihren Familien in zu kleinen Wohnungen, in den Parkanlagen sind die Rasenflächen oft nicht zum Spielen freigegeben und auf den Straßen ist das Spielen und Bewegen durch den Verkehr zu gefährlich. Auch in der Kita gibt es häufig sehr wenig Bewegungsraum, mangels Platzes und wegen einer hohen Anzahl von Kindern. Einige Kitas haben einen eigenen Bewegungsraum, andere verfügen jedoch nicht darüber. Ob und wie viel Bewegung in der Kita außerhalb einer regelmäßigen Turnstunde oder auf dem Außengelände stattfindet, hängt individuell von den dort tätigen pädagogischen Fachkräften ab. Oftmals erscheint Bewegung zu laut, zu stressig und mit zu vielen unvorhersehbaren Unfallgefahren verbunden.

Ein wesentliches Resultat des oftmals bewegungsfeindlichen Umfeldes, in dem Kinder aufwachsen, ist unter anderem, dass viele Kinder sich nicht ausreichend bewegen. Die Folgen des **Bewegungsmangels** reichen von fehlender körperlicher Fitness, Haltungsschäden bis hin zu Übergewicht. Die Kita hat die Aufgabe, allen Kindern vielfältige und ausreichende Bewegungserfahrungen zu ermöglichen. Die Förderung von Bewegung ist ein großer Beitrag zur Gesundheitserhaltung der Kinder, denn diese stärkt die körperlichen und psychischen Gesundheitsressourcen für ihre weitere gesunde Entwicklung.

Dieses Buch soll Mut machen, mehr Bewegung im Kita-Alltag zu integrieren. Bewegung in der Kita braucht nicht zwangsläufig große Bewegungsräume oder teure Sportgeräte. Das Buch zeigt **einfache Bewegungsideen,** die ohne oder mit sehr geringem Material- und Vorbereitungsaufwand in der pädagogischen Praxis umgesetzt werden können. Im Vordergrund sollte immer die Freude an der Bewegung stehen. Viel Spaß beim Ausprobieren!

1.

GESUNDHEIT UND BEWEGUNG IN DER KITA – GRUNDLAGEN

Was bedeutet Gesundheit?

Die Weltgesundheitsorganisation (WHO) versteht unter Gesundheit einen Zustand des vollkommenen körperlichen, geistigen und sozialen Wohlbefindens (vgl. Verfassung der Weltgesundheitsorganisation 2014, S. 1). Dieses ist eine ganzheitliche Betrachtungsweise. Gesundheit ist kein Zustand, der einmal erreicht ist, und dann ist der Mensch zwangsläufig bis auf Weiteres gesund. Der Mensch muss immer **aktiv etwas dafür tun,** um gesund zu bleiben. Beispielsweise muss er sich gesund ernähren, ausreichend schlafen und sich genügend bewegen, um gesund zu sein und es zu bleiben. Jeder Mensch kann also eigenverantwortlich etwas für seinen gesunden Zustand tun. Ob sich ein Mensch gesund oder krank fühlt, schätzt jeder Mensch individuell ein. Ein Kind fühlt sich mit einer Erkältung fit und möchte gern in die Kita, während ein anderes Kind mit der gleichen Erkältung schlapp auf dem Sofa liegt. Gesundheit ist also kein Begriff, der konkret, allgemeingültig, für alle Menschen gleich zu beschreiben ist.

Der Zusammenhang von Gesundheit und Bewegung bei Kindern

Bewegung ist die Voraussetzung für eine gesunde Entwicklung. Rein körperlich wirkt sich **Bewegung positiv** auf den Körper und viele Körperfunktionen aus. So werden beispielsweise das Herz-Kreislauf-System, die Atemleistung, der Stoffwechsel, die körperliche Ausdauer, die koordinativen Fähigkeiten, die Beweglichkeit, die Kraft der Muskulatur und die Wahrnehmung verbessert.

Daneben beeinflusst Bewegung auch alle anderen Entwicklungsbereiche. Es ist davon auszugehen, dass die **kognitive Entwicklung** davon profitiert, wenn viele Bewegungsreize im Gehirn ankommen und verarbeitet werden, denn so werden Nervenverbindungen aufgebaut und vernetzt. Bewegung kann auch die **soziale Entwicklung** positiv beeinflussen. Bei Bewegungsspielen in der Gruppe, wird beispielsweise gelernt, Regeln einzuhalten oder auf andere Rücksicht zu nehmen. Auch auf die **Psyche** hat Bewegung eine positive Wirkung: Durch Bewegung werden Hormone ausgeschüttet, die gute Laune machen. Darüber hinaus kann auch psychische Anspannung durch Bewegung abgebaut werden, was nicht nur zu einem besseren Wohlbefinden beiträgt, sondern sich auch positiv auf die soziale Entwicklung im Umgang mit anderen Menschen auswirken kann.

Nicht zu unterschätzen ist Bewegung auch in der **Sicherheitserziehung.** Bewegung verbessert die Körperwahrnehmung und die Kontrolle über den eigenen Körper. Kinder mit vielfältigen Bewegungserfahrungen können Gefahrensituationen oft realistischer einschätzen. Ist die Bank zu hoch zum Herunterspringen oder ist die Gefahr überschaubar? Im Falle eines Unfalls reagieren bewegungserfahrende Kinder koordinierter und geschickter, wodurch sie sich weniger verletzen. So sind sie beispielsweise eher in der Lage, schnell und reflexartig die Hände bei einem Fall auszustrecken, um ihren Kopf vor dem Aufprall auf dem Boden zu schützen.

Ein hohes Maß an spielerischer Bewegung im Kindesalter trägt **ganzheitlich** zur gesunden Entwicklung von Kindern bei. Denn Bewegung beeinflusst das körperliche, geistige und soziale Wohlbefinden eines Kindes grundsätzlich positiv. Als Umkehrschluss kann hervorgehoben werden: Bewegung ist ein **Grundbedürfnis** eines jeden Kindes! Wird das Kind in seinem angeborenen Bewegungsdrang stark beschränkt, kann es sich nicht gesund entwickeln. Ein Bewegungsmangel in jungen Jahren kann alle Entwicklungsbereiche des Kindes negativ beeinflussen. Spielen und Bewegen sind für eine gesunde kindliche Entwicklung deshalb unverzichtbar.

Viele Kinder bewegen sich zu wenig – warum?

Kinder haben einen angeborenen Bewegungsdrang. Dieser ist manchmal so stark, dass sich Erwachsene zu genervten Kommentaren hinreißen lassen, wie beispielsweise: *„Nun zapple nicht so herum!“ „Musst du immer hüpfen?“ „Hör auf, mit dem Stuhl zu kippeln!“* Eine umfassende Studie zur Gesundheit von Kindern und Jugendlichen in Deutschland belegt, dass trotz ihres natürlichen Bewegungsdrangs weniger als 30 Prozent der Kinder im Alter von 3 bis 10 Jahren auf die von der WHO empfohlene aktive Bewegungszeit von einer Stunde pro Tag kommen. Je älter die Kinder sogar werden, desto weniger erreichen sie die Bewegungsempfehlung (vgl. KiGGS 2018, S. 16).

Woran aber liegt es, dass Kinder sich oftmals zu wenig bewegen? Vielen Kindern fehlt es oft schlichtweg an **Gelegenheiten** zu großräumiger Bewegung im Alltag. Wohnungen sind eng oder das Toben unerwünscht, weil das Mobiliar beschädigt werden könnte und Erwachsene sich von der Unruhe genervt fühlen. Auch wird in vielen Kitas Bewegung gern auf den Flur oder in einen Bewegungsraum verbannt. Hinzu kommen die immer stärker werdenden multimedialen Einflüsse, die Kinder dazu bringen, sich weniger zu bewegen. Die regelmäßigen Wege beispielsweise zur Kita oder zu Freund*innen[1] werden oftmals mit dem Auto zurückgelegt, die Kinder werden also wortwörtlich bewegt. Ihnen wird eine längere Strecke zu Fuß, auf dem Lauf- oder Fahrrad kaum noch zugemutet. In den Städten sind Spielplätze und Teile von Parkanlagen zum Bewegen von Kindern vorgesehen. Vielerorts sind jedoch solche Anlagen oder kleinen Wäldchen und Wiesen in den verdichteten Innenstädten rar und Kinder haben selbstständig oftmals auch keinen Zugang zu ihnen. Sie sind auf die **Begleitung Erwachsener** angewiesen, die diese leider viel zu oft wegen ihrer immer dichter werdenden Terminkalender nicht realisieren können.

Die Bewegungszeiten der Kinder sind also häufig von der Lust und Zeit der Erwachsenen abhängig. Zumeist wird Bewegung von den Erwachsenen auch **institutionalisiert:** Montags geht es für eine Stunde zum Bewegungskurs, mittwochs zum Kinderyoga oder der Kindergeburtstag findet in einem Indoorspielplatz statt. Ihrem natürlichen und spontanen Bedürfnis nach Bewegung und Entspannung können die Kinder im eng durchgeplanten Alltag häufig nicht mehr nachkommen.

Viele Kitas und pädagogische Fachkräfte wissen um den hohen Stellenwert von Bewegung und versuchen, den Kindern diese zu ermöglichen. Dies gelingt aber leider noch viel zu oft in Grenzen, aufgrund räumlicher und personeller Engpässe. Denkt man an die zuvor erwähnten Studienergebnisse zurück, besteht jedoch dringender **Handlungsbedarf,** Kindern die für ihre gesunde Entwicklung so notwendigen Bewegungsmöglichkeiten auch zu geben.

[1] Der Verlag an der Ruhr legt großen Wert auf eine geschlechtergerechte und inklusive Sprache. Daher nutzen wir das Gendersternchen, um sowohl männliche und weibliche als auch nichtbinäre Geschlechtsidentitäten einzuschließen. Alternativ verwenden wir neutrale Formulierungen.

Die Folgen des Bewegungsmangels

Zu wenig Bewegung wirkt sich negativ auf die Entwicklung und damit auch auf den Gesundheitszustand der Kinder aus. So zeigen bereits eine nicht geringe Zahl von Kindern **Defizite in ihren koordinativen Fähigkeiten:** Mehr als ein Drittel der Kinder im Alter von 4 bis 17 Jahren können nicht zwei oder mehr Schritte auf einem drei Zentimeter breiten Balken rückwärts balancieren. Auch im Punkt Beweglichkeit haben viele Kinder Probleme. So sind 43 Prozent der Kinder nicht in der Lage, bei Rumpfbeugen den Boden mit den Händen zu berühren (vgl. IN FORM 2020, Bewegung fördert die Entwicklung). Wer viel mit Kindern zu tun hat, kann möglicherweise beobachten, dass viele keinen Purzelbaum mehr machen können oder sich motorisch ungeschickt verhalten. Die ungenügende Entwicklung einer bewussten Körperhaltung und -koordination mangels Bewegung kann auch zu ernsten **Haltungsschäden** führen. Unterschiedliche Studien haben gezeigt, dass 30 bis 60 Prozent der Kinder bereits mit auffälligen Haltungsschäden oder Haltungsschwächen in die Grundschule kommen, was die Grundlage für spätere Probleme im Erwachsenenalter, wie chronische Rücken- oder Kopfschmerzen, bilden kann (vgl. Deutscher Kinderschutzbund Landesverband NRW e. V. 2020, Bewegungsmangel bei Kindern). Die koordinativen und motorischen Defizite können sich ebenfalls auf die kognitiven, psychischen und sozial-emotionalen Bereiche der Kinder auf nicht unerhebliche Weise auswirken.

Eine weitere Folge des Bewegungsmangels ist **Übergewicht.** Kinder führen sich durch kalorienreiches Essen und kalorienreiche Getränke mehr Energie zu, als sie (ver)brauchen. Übergewicht betrifft mittlerweile rund 15 Prozent der Kinder im Alter von 3 bis 17 Jahren in Deutschland (vgl. IN FORM 2020, Bewegung in Kita und Schule) und wirkt sich negativ auf die gesamte kindliche Entwicklung aus. So sind Kinder mit Übergewicht häufig Hänseleien anderer Kinder ausgesetzt, was den Aufbau eines gesunden Selbstwert- und Körpergefühls erschwert. Sie haben eine weniger gute Körperkoordination als Kinder mit einem normalen Gewicht und verlieren beispielsweise schnell das Gleichgewicht. Dieses kann dazu führen, dass sie nicht so geschickt und schnell reagieren und eher verunfallen (vgl. Deutscher Kinderschutzbund Landesverband NRW e. V. 2020, Bewegungsmangel bei Kindern). Eine Studie, die den Einfluss eines Programms zur Schulung der koordinativen Fähigkeiten auf die Unfallhäufigkeit in Kitas untersuchte, brachte hervor, dass die häufigsten Unfälle Stürze beim Spielen (61 Prozent aller Unfälle) waren. Motorische Defizite wurden dabei als häufigster Risikofaktor bei 77 Prozent der Unfälle genannt (vgl. Kambas et al. 2004, S. 44).

Darüber hinaus lässt sich feststellen, dass, wer sich als Kind nicht ausreichend bewegt und das später im Erwachsenenalter so weiterführt, ist sein ganzes Leben lang einigen gravierenden **Gesundheitsrisiken** ausgesetzt, wie beispielsweise Herz-Kreislauf-Erkrankungen, Diabetes oder Rückenproblemen. Auch kann die geistige Leistungsfähigkeit nachhaltig beeinflusst sein (vgl. Deutscher Kinderschutzbund Landesverband NRW e. V. 2020, Bewegungsmangel bei Kindern).

Was brauchen Kinder an Bewegung für eine gesunde Entwicklung?

GUT ZU WISSEN

In Anlehnung an die Empfehlungen der WHO hat die Bundeszentrale für gesundheitliche Aufklärung nationale Empfehlungen für die Bewegung und Bewegungsförderung herausgegeben. Für ihre gesunde Entwicklung sollten Kinder und Jugendliche in Deutschland demnach pro Tag mindestens **eine Stunde körperlich aktiv** sein. (Vgl. BZgA 2016, S. 12)

Praktisch bedeutet das, dass Kinder beispielsweise 10.000 bis 12.000 Schritte an einem Tag laufen sollten, um insbesondere ihre **Ausdauer** aufzubauen und zu erhalten (vgl. IN FORM 2020, Bewegung im Kindesalter).

Angemessene Ausdauersequenzen wirken sich erwiesenermaßen positiv auf das Herz-Kreislauf-System, das Atem- und Immunsystem aus. Daneben wirken ausdauernde Bewegungen auch auf der psychischen Ebene positiv. Kinder können durch die Bewegung zum Beispiel Stress abbauen. Grundsätzlich wird zwischen aerober und anaerober Ausdauer unterschieden. Aerobe Ausdauer bedeutet, dass der Organismus nicht unter Sauerstoffschuld arbeitet. Anaerobe Ausdauer meint, dass der Organismus eine Sauerstoffschuld eingeht. Ein Mensch, der im anaeroben Bereich ist, beginnt, hechelnd zu atmen, um die Sauerstoffschuld auszugleichen. Im Spiel lässt sich bei Kindern beobachten, dass sie von selbst eine Pause zur Erholung einlegen, wenn sie in den anaeroben Bereich kommen. Sie bleiben stehen, verschnaufen kurz, bis die Sauerstoffschuld ausgeglichen ist, und laufen dann weiter. (Vgl. Circus 1995, S. 15)

Was ist eine angemessene Ausdauerleistung für ein Kind? Eine Faustregel ist, dass ein Kind sein **Alter in Minuten laufen** können sollte. Kinder brauchen deshalb eine Umwelt, in der Bewegung möglich ist und die zum Spielen einlädt. Sie trainieren ihre Ausdauer bei allen Laufspielen, wie beispielsweise einem Fangspiel oder wenn sie im Rollenspiel als Auto über die Wiese flitzen. Durch ihren natürlichen Bewegungs- und Spieldrang belasten sich die Kinder von selbst sehr hoch, ohne dass sie extra motiviert werden müssen. Es gibt auch immer mal wieder Kinder, die vor Spielfreude nicht wahrnehmen, dass sie ihren Körper zu hoch belasten. Sie zeigen dann Symptome wie zunehmend unkoordinierte Bewegungen, Blässe, Schwitzen, das Äußern von Kopfschmerzen oder Übelkeit. In solchen Fällen muss das Kind unbedingt von einem*einer Erwachsenen ausgebremst werden, damit sich sein Herz-Kreislauf-System erholen kann. (Vgl. Circus 1995, S.10)

Ermöglicht man Kindern, ihrem Drang nach ausdauernder Bewegung nachzukommen, benötigen sie kein spezielles Ausdauertraining. Genauso sind gezielte Kräftigungsübungen unnötig, um die Muskeln von Kindern zu trainieren. Kinder suchen sich im freien Spiel ihre Belastungsreize und trainieren so ihre **Kraft** von selbst. Immer dann, wenn ein Kind Muskelkraft einsetzt, ist dieses eine Kräftigung der entsprechenden Muskulatur. So ziehen sie beispielsweise eine schwere Kiste von einem Ort zum anderen (Kräftigung der Arm- und Rumpfmuskulatur) oder springen als Pferd über ein selbst gebautes Hindernis (Kräftigung der Beinmuskulatur und Schnellkraft). Kraft kann sich nur durch die regelmäßige Beanspruchung der Muskulatur entwickeln. Eine spielerische, ganzkörperliche Kräftigung reicht im Vorschulalter völlig aus. Hanteln oder andere Fitnessgewichte sind bei Kindern überflüssig. Das eigene Körpergewicht ist ein ausreichender Belastungsreiz für ein Vorschulkind. Auch wenn das Kind bereits Haltungsschäden oder Rückenbeschwerden hat, sollte es keinesfalls Übungen machen, die Erwachsene zur Behebung dieser Problematik kennen. Die Wirbelsäule der Kinder entwickelt sich noch und hat erst im Alter von sechs Jahren ihre natürliche S-Form.

Auch spezielle Dehnungsübungen, die Erwachsene als Stretching kennen, brauchen Vorschulkinder nicht. Die Knochen-, Knorpel- und Bänderstrukturen in den Gelenken sind bei Kindern noch nicht gefestigt und ihre Muskeln noch nicht so stark ausgebildet, dass sie die Gelenkfunktionen einschränken können. Das bedeutet, dass Vorschulkinder sowieso sehr beweglich sind. Übungen, um diese **Beweglichkeit** zu erhalten, und Muskelverkürzungen führen die Kinder in geeigneter Umgebung von selbst beim Spielen aus. So kriechen sie beispielsweise durch einen kurvenreichen Stofftunnel (Dehnung der Rumpfmuskulatur) oder legen sich bäuchlings über eine Schaukel und lassen Arme und Beine nach unten hängen (Dehnung der Rückenmuskulatur).

Das Zusammenwirken des zentralen Nervensystems und der Muskulatur, während sich ein Mensch bewegt, wird **Koordination** genannt. Koordinative Fähigkeiten ist ein Oberbegriff, der sich aus mehreren Fähigkeiten zusammensetzt. Sie alle wirken an einer Bewegung mehr oder weniger mit. Dazu zählen vor allem die Fähigkeit, das Gleichgewicht zu halten, das Vermögen, Teile einer Bewegung so abzustimmen, dass daraus eine optimale Bewegung entsteht, die Orientierungsfähigkeit, die Reaktionsfähigkeit, die Rhythmisierungsfähigkeit und die Fähigkeit, eine begonnene Bewegung wegen unerwarteter Ereignisse entsprechend zu verändern. Jüngere Kinder zeigen noch ungesteuerte, wenig koordinierte und kontrollierte Bewegungen. Durch Bewegungserfahrungen und Wiederholungen werden koordinative Fähigkeiten erlernt und verbessert. So sehen beispielsweise die Greifbewegungen eines dreijährigen Kindes im Vergleich mit den Bewegungen eines sechs Monate alten Kindes, sehr viel zielgerichteter aus. Besonders die Zunahme und Verbesserung der koordinativen Fähigkeiten sind für die Kinder im Alltag sehr spürbar. Sie sind stolz auf ihre Weiterentwicklung und zeigen zum Beispiel gern, dass sie jetzt schon Laufrad fahren können, ohne umzufallen, oder dass sie in der Lage sind, von einer schwingenden Schaukel abzuspringen (so wie die Großen). Diese Erfolgserlebnisse motivieren Kinder, weiter zu üben. Das machen sie von allein. Wird ihnen eine Bewegungsherausforderung zu langweilig, weil sie diese beherrschen, beginnen sie, zu variieren. So lässt sich beispielsweise beobachten, dass ein Kind, das sicher selbstständig schaukeln kann, irgendwann auf die Idee kommt, im Stehen zu schaukeln. Deshalb brauchen Kinder keine besondere, von Erwachsenen angebotene Förderung ihrer koordinativen Fähigkeiten. (Vgl. Hubrig 2014, S. 120 ff.)

Bewegung im Alltag deckt schon einen großen Teil der für die Gesundheit von Kindern notwendigen Bewegung ab. Damit ist beispielsweise der tägliche Fußweg zur Kita gemeint oder das regelmäßige Spielen auf einem Spielplatz. Zusätzlich sollten Kinder auch ein Angebot organisierter Bewegungsgelegenheiten bekommen, wie etwa eine wöchentliche Turnstunde im Sportverein. Für Vorschulkinder eignet sich insbesondere das Kinderturnen, denn es beansprucht den ganzen Körper sehr vielfältig. Manchmal gehören zum Angebot von Kitas auch regelmäßige Turnstunden in nahe gelegenen Turnhallen, wenn die Räumlichkeiten in der Kita selbst nicht dafür ausreichen.

Zum **Bildungsauftrag** von Kitas gehört auch die Aufgabe, die Bewegungsarmut von Kindern auszugleichen. Dafür sollten vielfältige Bewegungsmöglichkeiten und -gelegenheiten gegeben werden, welche die Kinder im Freispiel nutzen können. Des Weiteren sollten gezielte Bewegungsangebote gemacht werden, die ritualisiert sein können, wie etwa ein Bewegungsspiel im Morgenkreis oder auch eine Turnstunde mit einer Kleingruppe im Bewegungsraum. Nicht alle Angebote müssen pädagogisch begleitet werden. Für eine positive sozial-emotionale Entwicklung ist es auch wichtig, wenn Kinder sich in einem sicheren Rahmen ohne die Aufsicht von Erwachsenen bewegen können.

Zum Thema Bewegung, also Anspannung, gehört auch die bewusste **Entspannung.** Kinder benötigen einen Wechsel zwischen Aktion und Regeneration. Deshalb sollten in jeder Kita auch gezielt Entspannungsangebote gemacht werden und ausreichend Rückzugsräume (z. B. eine abgetrennte Höhle im Flur), die Kinder selbstständig aufsuchen können, zur Verfügung stehen.

TIPP

Kinder sollten sich **täglich vielseitig bewegen.** So trainieren sie ganz von selbst ihre Koordination, Kraft und Beweglichkeit. Während Erwachsene dafür in ein Fitnessstudio gehen und spezielle Übungen machen, brauchen Kinder lediglich die räumliche und zeitliche Gelegenheit, sich ganzheitlich spielerisch bewegen zu können.

Und wenn ich ein Bewegungsmuffel bin?

Jede pädagogische Fachkraft hat eigene Bewegungs- und Sporterfahrungen. Während der*die eine schon immer sportbegeistert war und quasi im Sportverein groß geworden ist, so hat der*die andere beispielsweise sich am liebsten vor dem Sportunterricht in der Schule gedrückt. Die **individuellen Erfahrungen** wirken sich entweder positiv oder negativ auf die Einstellung zur Bewegung in der Arbeit mit Kindern aus. Alle Fachkräfte wissen um den hohen Stellenwert von Bewegung im Kindesalter, aber wenn sie sich selber unwohl fühlen und denken, dass sie sich ungern bewegen und dieses auch nicht gut können, dann werden sie trotz ihres Fachwissens überwiegend Angebote in anderen Bildungsbereichen machen.

Die persönliche Einstellung zu Bewegung und Sport kann durch eine **professionelle Herangehensweise** und ein Bewusstsein darüber glücklicherweise verändert werden. Bei einer negativen Einstellung lohnt es sich, sich erst klarzumachen, dass Bewegung nicht zwingend Sport bedeutet und dass niemand sportlich sein muss, um sich und Kinder gesundheitsfördernd zu bewegen. Mit dem Begriff „Sport" wird allzu häufig Wettkampf und Leistungssteigerung verbunden, er hat aber damit nichts zu tun. Diese Aspekte gehören sowieso nicht in den Bewegungsbereich der Kita.

Dass **Bewegung einfach Freude** macht und sich gut anfühlen kann, erleben viele (selbst ernannte) unsportliche Erwachsene in dem heutzutage immer abwechslungsreicher werdenden Angebot von Bewegungskursen, wie beispielsweise Yoga, Kanufahren oder Tanzen. Es lohnt sich, auf Entdeckungsreise zu gehen und herauszufinden, welche Bewegungsart zu einem passt. Nicht nur persönlich, sondern auch fachlich wird eine pädagogische Fachkraft davon profitieren. Denn wenn sie eine positive Einstellung zu Bewegung hat, wird sie auch freudvoll und motivierend Bewegung in den Kita-Alltag integrieren und ein gutes Vorbild für die Kinder sein können.

Was es bei Bewegungsangeboten in der Kita zu beachten gibt

Kinder bewegen sich entwicklungsbedingt gern und viel. Sie bewegen sich nicht aus dem bewussten Denken heraus, weil es gut für ihre Gesundheit ist. Je mehr **positive Bewegungserfahrungen** ein Kind macht, desto wahrscheinlicher ist es, dass es auch im Jugend- und Erwachsenenalter gern in Bewegung bleibt und Sport treibt. Es wäre also fatal, wenn Kindern ihre natürliche Bewegungslust durch unpassende Angebote in der Kita verdorben würde. Bewegungsangebote und -gelegenheiten sollten deshalb immer so gestaltet werden, dass sie als schönes Erlebnis wahrgenommen werden und einladen, mitzumachen. Die Erziehungswissenschaftlerin und Professorin für Sport und Bewegungswissenschaften Renate Zimmer benennt dazu einige wichtige Aspekte, die grundsätzlich bei der Planung und Durchführung von Bewegungsangeboten von pädagogischen Fachkräften beachtet werden sollten.

Bewegungsangebote in der Kita sollten:

- ... den Interessen, Bedürfnissen und dem Entwicklungsstand der Kinder entsprechen.
- ... so gestaltet werden, dass die Kinder weder über- noch unterfordert werden. (Durch vertraute Elemente haben die Kinder ein Gefühl von Ordnung, Struktur und Sicherheit und neue Elemente bringen spannende Impulse zum Ausprobieren hinzu.)
- ... durch gute Beobachtung und Flexibilität der pädagogischen Fachkräfte entsprechend der Situation zugunsten der Bedürfnisse und Fähigkeiten der Kinder verändert werden.
- ... so arrangiert werden, dass alle Kinder die Möglichkeit haben, in Bewegung zu sein. (Anstatt nur einen Kasten aufzubauen, vor dem die Kinder in einer Warteschlange stehen und über den sie im Rahmen der Bewegungsstunde einzeln abwechselnd hinüberklettern dürfen, wäre es sinnvoller, mehrere Kästen oder andere Bewegungsgelegenheiten aufzubauen, sodass alle Kinder immer in Bewegung sein können.)
- ... entsprechend der Spielentwicklung von Kindern im Vorschulalter sinnvollerweise auch Aspekte des Symbol- und Rollenspiels beinhalten. (Eine Matte kann beispielsweise ein Schiff sein und eine Bank ein umgekippter Baumstamm.)

(Vgl. Zimmer 1993, S. 155 ff.)

Grundsätzlich darf kein Kind zum Mitmachen bei Bewegungsangeboten in der Kita gezwungen werden. Eine Ermutigung seitens der pädagogischen Fachkräfte ist oft hilfreich, aber ein Kind zu überreden, ist überflüssig und häufig kontraproduktiv. Es gibt oft Kinder, die das Geschehen erst eine Weile beobachten und irgendwann von sich aus mitmachen. Nicht nur die Entscheidung, ob ein Kind aktiv teilnehmen will oder nicht, muss selbstständig getroffen werden. Ein Kind muss auch die Chance haben allein zu entscheiden, an welchen Stellen es sich beim Angebot aktiv beteiligen und welchen Herausforderungen es sich stellen möchte. Die pädagogischen Fachkräfte sollten einen offenen Rahmen schaffen, in dem die Kinder tatsächlich **eigenständig Entscheidungen** treffen können. Beispielsweise können drei unterschiedliche Hindernisse aufgebaut werden und jedes Kind entscheidet selbst, welches Hindernis es überwinden möchte und welches nicht. Die Bewegungsangebote sollen dazu herausfordern, **selbst tätig** zu werden. Dieses ist ein sehr wichtiger Teil für die Ich-Entwicklung der Kinder.

Um Kindern unterschiedliche Bewegungsformen zu vermitteln, wird zwischen Bewegungsanweisung und Bewegungsaufgabe unterschieden: Bei der **Bewegungsanweisung** geben die pädagogischen Fachkräfte den Kindern genaue Ansagen, was sie zu tun haben. Gemäß dieser Ansage setzen die Kinder die Bewegung um, wie zum Beispiel: *„Balanciere über die Bank."* Bei der **Bewegungsaufgabe** hingegen wird den Kindern ein Rahmen vorgegeben, in dem sie eigene Lösungen entwickeln, um die Aufgabe bewältigen zu können, wie zum Beispiel: *„Wie kommst du von der einen schmalen Seite auf der Bank zur anderen Seite?"* Die Kinder können nun, entsprechend ihrer Fähigkeiten und Ideen, die Aufgaben lösen. Balancieren wäre nur eine Möglichkeit von vielen. Die Kinder könnten auch über die Bank krabbeln oder auf allen vieren hinübergelangen. So kann jedes Kind auf seine Weise die Aufgabe erfüllen. Diese Art der Aufgabenstellung, die sich auf das *„Wie"* bezieht, lässt die Kinder kreativ werden und zu Erfolgserlebnissen kommen, was ihr Selbstbild positiv beeinflusst. Viele Erwachsene wollen Kinder häufig zu Bewegung motivieren, indem sie *„Wer"*-Fragen stellen, wie zum Beispiel: *„Wer kann über die Bank balancieren?"* Die meisten Kinder werden dann *„Ich!"* jubeln und sich freudig ans Balancieren machen. Einige Kinder könnten aber auch *„Ich nicht!"* denken und sich aus dem Geschehen ziehen oder sich irgendwie unauffällig durchschummeln. Letzteres wirkt sich negativ auf das eigene Selbstbild aus und es teilt die Kindergruppe in Könner*innen und Nichtkönner*innen. Es ist also immer besser, eine Bewegungsaufgabe mit *„Wie"* zu beginnen.

TIPP

Bringen Sie Kinder mit Bewegungsgeschichten in Schwung!

Bewegungsgeschichten sind ausgedachte Geschichten, die mit entsprechenden Bewegungen verknüpft werden. Sie eignen sich insbesondere für Vorschulkinder, um sie zu Bewegung zu animieren, weil sie zwei zentrale Aspekte ihrer Entwicklungsphase beinhalten: die Lust an Bewegung und die Anknüpfung an die Fantasiewelt der Kinder.

Kinder sind durch Bewegungsgeschichten schnell motiviert, mitzumachen und ihr Denken und Bewegen gleichzeitig zu aktivieren. Sie können gemeinsam aktiv sein. Die pädagogischen Fachkräfte können sich selbst kurze Geschichten ausdenken und die Bewegungen, die mitgemacht werden sollen, beeinflussen. So können sie die Kinder animieren, bestimmte Bewegungsabläufe auszuprobieren oder auch zu üben. Es gibt beispielsweise immer mal wieder Kinder, die phasenweise auf Zehenspitzen gehen. Durch eine Bewegungsgeschichte, in der Elefanten oder Nilpferde die Hauptrolle spielen, werden diese Kinder angeregt, Schritte zu machen, bei denen sie ihren ganzen Fuß auf dem Boden aufsetzen.

Raumgestaltungen, die zu Bewegung anregen

In jeder Kita sollte **Bewegung erwünscht** und allen Kindern ermöglicht werden. Die Bewegungsgelegenheiten sollten sich nicht nur auf einen Bewegungsraum und das Außengelände der Kita beschränken. Insbesondere junge Kinder sind noch nicht in der Lage, ihr Bewegungsbedürfnis auf bestimmte Orte und festgelegte Zeiten zu begrenzen. Aber wie kann das gehen?

Die Räumlichkeiten in der Kita sollten bewegungsfreundlich gestaltet werden. Insbesondere die großen Flächen, wie der **Kita-Eingangsbereich,** sollten den Kindern zu bewegungsintensiveren Spielen zur Verfügung gestellt werden. Hier können hervorragend Seile, Schaukeln, Hängematten oder Ringe an der Decke mittels Deckenschienen oder Trägerleisten angebracht werden, an denen die Kinder klettern, schaukeln und schwingen können. Diese Materialien lassen sich ohne großen Zeitaufwand anbringen und entfernen. Auch Matten zum Darunterlegen sind schnell ausgebreitet, wenn sie leicht zugänglich im Eingangsbereich gelagert werden.

Ruhigere, nicht genutzte **Ecken und Nischen** der Kita können mit Matratzen ausgelegt werden, auf denen ein Kind hüpfen kann. Bei Bedarf kann es auch eine Ausruhmatratze sein, auf die sich ein oder zwei Kinder zurückziehen können. Auch das Spielen auf den **Treppen** sollte unter Aufsicht erlaubt sein. Sie eignen sich hervorragend zum Hinauf- und Herunterhüpfen oder Krabbeln in allen Variationen.

Für alles, was Räder hat, bieten sich lange **Flure** an. Mit dem Bobbycar oder auf Rollschuhen den Flur entlangfahren macht Freude. Hier sollte es allerdings feste Zeiten geben, in denen dieses erlaubt ist, denn der Flur ist ja meist stark frequentiert und verbindet unterschiedliche Kita-Räume sowie Eingangs- und Außenbereich miteinander. Gefährliche Zusammenstöße gilt es, zu vermeiden.

Wenn die Kita über ein **Außengelände** verfügt, bietet es meist Platz für großräumige Bewegungen. Die Kinder können dort rennen, schaukeln, klettern, rutschen und auf Dreirädern umherfahren. Dafür sollten feststehende Geräte (Schaukel, Rutsche, Kletterturm etc.) zur Verfügung stehen. Wichtig ist, dass die Kinder auch eine große Freifläche haben, auf der sie mit vielen Kindern gemeinsame Bewegungsspiele durchführen können. Manche kleineren Kitas oder Kinderläden in Städten verfügen nicht über ein eigenes Außengelände.

Hier sollte es täglich die Möglichkeit für die Kinder geben, die Spielplätze, Parks, Wiesen oder andere größere Flächen im Umfeld der Kita zum Spielen und freien Bewegen aufzusuchen.

Materialien, die zu Bewegung anregen

Es gibt viele Materialien und Geräte, die Kinder zu Bewegung anregen. Diese müssen nicht aus einem Sportfachgeschäft sein. So regen beispielsweise auch kostengünstige Tücher, Bälle, Kartons oder Kissen zu vielfältiger Bewegung an. **Materialien aus dem Alltag** können vielfältiger und nachhaltiger genutzt werden als ein*e Erwachsene*r manchmal denkt. So entwickeln Kinder mit Gegenständen wie Bürsten, Handtüchern, Papptellern oder Zeitungen kreative Bewegungsideen und setzen sie um. Sie legen sich zum Beispiel bäuchlings auf ein Handtuch und lassen sich von einem anderen Kind durch den Raum ziehen oder sie stellen sich mit jeweils einem Fuß auf einen Pappteller und gleiten durch den Raum. Wichtig ist, dass die Kinder die Materialien eigenständig und gefahrlos verwenden können. So sollten beispielsweise Plastiktüten wegen der Erstickungsgefahr oder Seile wegen der Strangulierungsgefahr nicht im Angebot sein.

TIPP

Die Materialien, die den Kindern zur Verfügung gestellt werden, sollten vielseitig für verschiedenste Spielideen der Kinder zu gebrauchen sein. Die pädagogischen Fachkräfte sollten den Kindern eine bestimmte Auswahl an Materialien anbieten und diese nach den Bedürfnissen und Interessen der Kinder regelmäßig auswechseln. Zu viel Material kann überreizen und die Kinder überfordern.

2.

BEWEGUNGSSPIELE IM GRUPPENRAUM

Auch wenn ein Gruppenraum in einer Kita nur wenig Platz zur freien Bewegung bietet, so ist **Bewegung immer möglich.** Der tägliche Morgenkreis, in dem alle Kinder einer Gruppe meist auf Stühlen oder auf dem Boden zusammensitzen, kann gut genutzt werden, um schon am Morgen ein Bewegungsspiel zu ritualisieren. Des Weiteren gibt es viele Spiele, die standgebundene Bewegungen beinhalten. Und letztendlich können auch Möbel für Bewegungsspiele genutzt werden oder kurzerhand umgestellt werden.

Nicht den Boden berühren

Alter:	ab 3 Jahren
Teilnehmer*innenzahl:	ab 2 Kinder
Das brauchen Sie:	Möbel, Decken, Kissen

Vorbereitung

Möbel, Decken und Kissen werden im Raum zu einem Hindernisparcours aufgebaut. Achten Sie darauf, dass die Möbel so robust sind, dass sie nicht umfallen oder zusammenbrechen, wenn ein oder zwei Kinder auf ihnen sind. Daneben ist es auch wichtig, unterschiedliche Schwierigkeitsgerade einzubauen, sodass sowohl ein dreijähriges als auch ein sechsjähriges Kind bei dem Spiel eine Herausforderung findet.

So geht's

Die Kinder überwinden nacheinander den Hindernisparcours. Ihre Aufgabe ist, dabei von einer Seite des Raumes zur anderen Seite zu gelangen. Wie und auf welchem Wege, ist den Kindern überlassen. Hauptsache ist, dass sie dabei nicht den Boden berühren. Notfalls gibt es Helfer*innen, die ihnen die Hand reichen.

Variation

Die Kinder überqueren rückwärts einen angepassten Parcours.

Vor, hinter, unter, auf, neben dem Tisch

Alter: ab 3 Jahren
Teilnehmer*innenzahl: ab 2 Kinder
Das brauchen Sie: Stühle und Tische

Vorbereitung

Stühle und Tische werden so im Raum verteilt, dass alle Kinder gleichzeitig die Möglichkeit haben, auf, unter, vor, hinter und neben einem Tisch oder Stuhl zu stehen.

So geht's

Jedes Kind sucht sich einen Stuhl oder sie suchen sich zu zweit einen Tisch. Erzählen Sie den Kindern eine Geschichte. Wenn Sie das Wort *„auf"* sagen, klettern die Kinder auf einen Tisch oder Stuhl. Sagen Sie *„unter"*, krabbeln die Kinder darunter. Fällt das Wort „vor", stellen sie sich davor. Bei *„hinter"* platzieren die Kinder sich hinter einen Tisch oder Stuhl und wenn Sie *„neben"* sagen, stellen die Kinder sich daneben. Die Geschichte geht immer erst dann weiter, wenn alle Kinder ihre Position eingenommen haben.

Die Geschichte könnte zum Beispiel so beginnen: *„Der kleine Hund Micky saß unter einem Tisch. Dort sitzt er gern, denn manchmal fällt etwas Leckeres auf den Boden, wenn die Familie frühstückt. Heute ist da aber gar nichts zu finden. Er tapst vor den Tisch und bellt. Aber Micky bekommt nichts. Da verkriecht er sich wieder unter den Tisch und denkt nach. Als er mit dem Denken fertig ist, schleicht er auf leisen Pfoten wieder vor den Tisch. Dann nimmt er Anlauf und hopst auf den Tisch und sieht, dass nichts auf ihm ist. Er springt wieder vor den Tisch. Traurig geht er um den Tisch herum, sodass er hinter dem Tisch ist. Sein Magen knurrt. Da ist etwas! Micky schnüffelt und findet ein Stück Wurst …"*

Variation

Die Kinder gehen im Raum umher, während Sie die Geschichte erzählen. Bei einem „Schlüsselwort" suchen sich die Kinder einen Stuhl oder einen Tisch und positionieren sich entsprechend der Geschichte.

Lasst den Reifen wandern!

Alter: ab 4 Jahren
Teilnehmer*innenzahl: ab 6 Kinder
Das brauchen Sie: Reifen oder zusammengeknoteten Schal in Größe eines Reifens

So geht's

Die Kinder stellen sich im Kreis auf und fassen sich an die Hände. Nehmen Sie einen Reifen und legen Sie sich ihn über den Arm. Fassen Sie das Kind neben sich wieder an, sodass der Kreis geschlossen ist. Nun ist die Aufgabe, dass der Reifen einmal im Kreis herumwandert, ohne dass die Kinder und Sie sich loslassen. Hierfür steigt Jede*r beim Weitergeben des Reifens durch ihn hindurch. Wie viele Runden wandert der Reifen ohne Loslassen herum?

Variation

Bei größeren Gruppen können auch zwei Reifen gleichzeitig herumwandern. Hat der erste Reifen eine halbe Runde hinter sich, wird der zweite ins Spiel gebracht.

Hilfe, ich bin in den Brunnen gefallen!

Alter: ab 3 Jahren
Teilnehmer*innenzahl: ab 6 Kinder
Das brauchen Sie: Reifen oder Kreismarkierung auf dem Boden (z. B. durch farbiges Klebeband)

Vorbereitung

Markieren Sie einen Kreis als Brunnen auf dem Boden des Raumes.

So geht's

Die Kinder stehen im Kreis. Ein Kind hockt sich in den Brunnen (Kreismarkierung). Es ruft: *„Hilfe, ich bin in den Brunnen gefallen!"* Alle Kinder antworten im Chor: *„Wie tief denn?"* Das Kind nennt eine Zahl, zum Beispiel: *„100 Meter!"*

Die Kinder fragen: *„Wer soll dich da rausholen?"* Das Kind denkt sich eine Bewegung oder Tätigkeit aus und sagt: *„Das Kind, das am besten ... kann!"* (z. B. hüpfen). Alle setzen das Gesagte um und hüpfen beispielsweise im Raum herum. Das Kind im Brunnen entscheidet, wer es am besten kann. Dieses Kind zieht das Kind aus dem Brunnen heraus – und fällt dabei selbst hinein. Das Spiel beginnt nun von vorn.

Haltet das Spielfeld sauber!

Alter: ab 3 Jahren
Teilnehmer*innenzahl: ab 6 Kinder
Das brauchen Sie: Stühle, Kissen, weiche Kuscheltiere oder auch Zeitungsknäuel

Vorbereitung

Stellen Sie als Markierungslinie eine Stuhlreihe in die Raummitte.

So geht's

Teilen Sie die Kinder in zwei Gruppen auf. Jede Gruppe stellt sich in ein Spielfeld. Die Stuhlreihe ist die Mittellinie. Auf jedes Spielfeld verteilen Sie dieselbe Anzahl von den oben genannten Gegenständen. Auf ein Startzeichen hin geht die Schlacht los: Die Kinder werfen die Dinge aus ihrem Spielfeld in das andere Spielfeld. Nach anderthalb Minuten rufen Sie *„Stopp!"* Kein Gegenstand darf mehr angefasst werden. Gemeinsam wird gezählt, wie viele Gegenstände in welchem Spielfeld liegen. Die Gruppe, die am wenigsten Gegenstände hat, hat diese Spielrunde gewonnen. Aber die nächste Runde steht schon bevor ...

Zusammengeklebt bewegen

Alter:	ab 3 Jahren
Teilnehmer*innenzahl:	ab 6 Kinder

So geht's

Zwei Kinder bilden jeweils ein Team. Bestimmen Sie, an welchen Körperteilen die beiden Kinder zusammenkleben sollen. Die Kinder berühren sich mit dem genannten Körperteil und „kleben" förmlich zusammen. Ihre Aufgabe ist es dann, sich gemeinsam auf den Boden zu setzen und wieder aufzustehen – ohne dass der „Kleber" nachlässt.

Folgende Körperteile „kleben" besonders gut zusammen:

- Füße
- Hände
- Daumen
- Schultern
- Arme
- Handgelenke
- Köpfe
- schwer: Rücken

Variation

Die Teams bewegen sich, mit Körperteilen aneinandergeklebt, durch den Raum oder bewältigen ein Hindernis (z. B. über einen Berg Kissen).

In der Zeitungsdisco

Alter: ab 4 Jahren
Teilnehmer*innenzahl: ab 4 Kinder
Das brauchen Sie: Zeitungen, Musik

So geht's

Jedes Kind bekommt eine Zeitung, breitet sie aus und stellt sich drauf. Das ist die Tanzfläche des Kindes. Machen Sie Musik an und fordern Sie die Kinder auf, sich auf ihrer Tanzfläche zu bewegen, ohne mit den Füßen den Boden zu berühren. Wenn Sie die Musik stoppen, müssen alle Kinder innehalten und ihre Tanzfläche in der Mitte zusammenfalten, sodass sie nur noch halb so groß ist. Ältere Kinder können den jüngeren Kindern beim Falten helfen. Stehen alle auf ihrer nun kleineren Tanzfläche, ertönt die Musik wieder und die Kinder beginnen, zu tanzen. Sobald die Musik stoppt, wird die Zeitung wieder kleiner gefaltet. Nach diesem Prinzip geht es immer weiter, bis die Zeitung so klein ist, dass die Kinder keine Chance mehr haben, auf ihrer Tanzfläche zu stehen.

Wichtig ist: Jedes Kind versucht, möglichst nicht den Boden zu berühren. Da das immer schwerer wird, je kleiner die Zeitung wird, sind kleine Wackler und Bodenberührungen, besonders bei den Jüngsten, aber auch okay.

Variation

Alle Kinder bekommen eine halbe Zeitungsseite und stellen sich auf sie. Die Musik ertönt und die Disco beginnt. Diesmal ist die Regel, dass alle Kinder um die Zeitungen herumtanzen und nicht auf sie treten dürfen. Bei Musikstopp sucht sich jedes Kind schnell eine Zeitung und stellt sich drauf. Bevor der nächste Durchgang startet, nehmen Sie eine Zeitung weg. Das Spiel beginnt von vorn. Bei Musikstopp sucht sich wieder jedes Kind eine Zeitung und stellt sich drauf. Ein Kind wird keine bekommen und deshalb ist es erlaubt, sich auch zu zweit auf eine Zeitung zu stellen. Vor dem nächsten Durchgang wird wieder eine Zeitung entfernt. Gegen Ende des Spieles reicht es aus, wenn die Kinder bei Musikstopp die Zeitung berühren. Das kann auch nur mit einem Finger oder einem Zeh sein. Mal sehen, ob alle Kinder am Ende nur eine Zeitung berühren können …

Achtung! Alarm am Gummizaun

Alter: ab 4 Jahren
Teilnehmer*innenzahl: ab 4 Kinder
Das brauchen Sie: zusammengeknotetes Hosengummiband (oder Gummitwistband)

So geht's

Stellen Sie sich zusammen mit einem Kind gegenüber. Sie sollten circa 1 m voneinander entfernt stehen und jede*r hält eine Seite des Gummibandes. Zählen Sie *„1, 2, 3!"*. Auf drei bewegt sich jede*r so auf der Stelle, dass das Gummiband in eine andere Position kommt. Stellen Sie beispielsweise einen Fuß auf das Band und strecken einen Arm dabei in die Luft, während das Kind einen Arm nach unten zieht und den anderen zur Seite. In dieser Position verharren beide Seiten. Das Gummiband ist der Zaun, durch den sich jetzt nacheinander alle Kinder hindurchbewegen (z. B. durch: robben, steigen, hüpfen) dürfen. Aber Achtung! Der Zaun ist mit einem Alarm gesichert. Wird er von einem Kind berührt, beginnen alle zuschauenden Kinder, laut ein Alarmgeräusch zu machen. Aber das kann schon mal passieren.

Variation

Falls es mehrere Erwachsene in der Gruppe gibt, kann ein Zaunparcours aufgebaut werden. So können mehrere Kinder gleichzeitig in Aktion sein.

Ein Schneesturm kommt

Alter: ab 4 Jahren
Teilnehmer*innenzahl: ab 6 Kinder
Das brauchen Sie: Tische und Stühle

So geht's

Fordern Sie die Kinder auf, sich durch den Gruppenraum zu bewegen. Wenn Sie ein Kommando rufen, müssen die Kinder die damit verbundene Bewegungsaufgabe erfüllen. Haben alle die richtige Position eingenommen, beginnt das Spiel wieder von vorn.

Diese Kommandos können Sie geben:

- *„Schneesturm!"* – Alle Kinder retten sich schnell vor dem Schneesturm und verkriechen sich unter einem Stuhl oder Tisch.
- *„Holzwurm!"* – Alle Kinder berühren schnell etwas aus Holz im Gruppenraum (z. B. Holzspielzeug oder Möbelstück aus Holz).
- *„Hochwasser!"* – Alle Kinder klettern auf etwas hinauf, sodass die Füße nicht vom Hochwasser nass werden (z.B. auf einen Tisch oder Stuhl).

Variation

Nach mehrfachen Wiederholungen können neue Kommandos hinzugenommen oder ausgetauscht werden. Vielleicht fallen den Kindern auch selbst weitere Kommandos ein, die sie den anderen zurufen.

Wir fahren mit dem Boot

Alter: ab 4 Jahren
Teilnehmer*innenzahl: ab 2 Kinder
Das brauchen Sie: pro Kind einen Stuhl

Vorbereitung

Stellen Sie die Stühle im Raum auf.

So geht's

Jedes Kind sitzt auf einem Stuhl. Setzen Sie sich gut sichtbar für alle Kinder auch auf einen Stuhl und leiten Sie mit einer Geschichte über eine Bootsfahrt das Spiel an. Machen Sie die Bewegungen vor und die Kinder machen sie mit.

Die Geschichte könnte wie folgt gehen:

„Wir sitzen in unserem Boot. Jedes Kind hat heute ein eigenes Boot. Der Tag ist schön und die See ist ruhig. Wir paddeln los!" (ausladende Paddelbewegungen mit langen Armen machen)

„Wind kommt auf und unser Boot fängt an, zu schaukeln." (Paddelbewegungen beibehalten und dabei sich abwechselnd nach rechts und links neigen)

„Der Wind kommt von vorn und wir brauchen viel Kraft, um uns durch die Wellen zu kämpfen und voranzukommen!“ (mit viel Kraft die ausladenden Paddelbewegungen machen)

„Wann sind wir denn endlich am Ufer? Wir stellen uns vorsichtig hin!“ (auf den Stuhl klettern und sich nach allen Seiten umschauen)

„Da ist das Ufer!“ (in eine Richtung zeigen)

„Wir setzen uns wieder ins Boot und paddeln weiter.“ (sich wieder hinsetzen und Paddelbewegungen machen)

„Aber der Wind bleibt stark. Und die Wellen werden immer höher!“ (mit dem Oberkörper abwechselnd nach links und rechts neigen)

„Und höher. Und höher.“ (sich mit dem Oberkörper abwechselnd nach links und rechts neigen)

„Wir kentern und fallen ins Wasser.“ (vom Stuhl kippen und auf dem Boden landen)

„Jetzt müssen wir alle schwimmen!!!“ (sich mit dem Oberkörper auf die Stuhlfläche legen und Schwimmbewegungen machen)

„Geschafft! Wir klettern ins Boot!“ (sich wieder auf den Stuhl setzen)

„Ein Wirbelsturm! Das Boot dreht sich im Wind.“ (sich einmal auf der Stuhlfläche um die eigene Achse drehen)

„Der Wind lässt nach. Das Meer ist wieder ruhig. Hurra!“ (die Kinder reißen die Arme in die Luft und schreien: „Hurra!“)

„Wir paddeln ruhig zurück zum Ufer.“ (Paddelbewegungen machen)

„Der Ausflug ist vorbei. Wir steigen aus und machen unser Boot fest.“ (aufstehen und so tun, als ob man das Boot vertäuen würde)

Variation

Die Kinder können den Ablauf der Geschichte mitbestimmen, indem Sie sie fragen: *„Und was passiert dann?“* Greifen Sie die Ideen der Kinder auf und setzen Sie sie mit ihnen gemeinsam um. Wie wird die Geschichte wohl verlaufen?

Chaos im Zoo!

Alter: ab 4 Jahren
Teilnehmer*innenzahl: ab 6 Kinder
Das brauchen Sie: Stühle

Vorbereitung

Bauen Sie einen Stuhlkreis im Gruppenraum auf.

So geht's

Die Kinder sitzen im Kreis. Sie sind der*die Zoodirektor*in. Sie gehen herum, tippen alle Kinder nacheinander an und sagen jedem Kind, welches Zootier es ist. Es gibt drei Tierarten, zum Beispiel: Löwe, Elefant und Pinguin. Nun ruft der*die Zoodirektor*in, welche Tiere den Platz wechseln sollen, zum Beispiel: *„Alle Elefanten wechseln den Platz!"* Die Elefanten stehen auf und tauschen die Plätze. Wenn alle wieder sitzen, folgt das nächste Kommando, wie etwa: *„Alle Pinguine wechseln den Platz!"* ... Ruft der*die Zoodirektor*in: *„Chaos im Zoo!"*, springen alle Kinder auf und wechseln ihre Plätze.

Variation

Ein Kind steht in der Mitte des Kreises als Zoodirektor*in. Der Stuhl des Kindes wird zur Seite gestellt. Der*die Zoodirektor*in gibt die Kommandos. Beim Kommando *„Chaos im Zoo!"* setzt er*sie sich schnell auf einen freien Stuhl. Am Ende hat ein anderes Kind keinen Platz und ist damit der*die nächste Zoodirektor*in.

Kissenwurf

Alter: ab 3 Jahren
Teilnehmer*innenzahl: ab 5 Kinder
Das brauchen Sie: ein Kissen

So geht's

Die Kinder stehen im Kreis. Ein Kind hat das Kissen und beginnt, den Namen eines anderen Kindes zu sagen. Schaut dieses Kind, bekommt es das Kissen zugeworfen.

Das Kind fängt es oder hebt es auf. Dann sagt es wiederum den Namen eines Kindes, das das Kissen zugeworfen bekommt. Das Spiel ist zu Ende, wenn alle Kinder einmal das Kissen geworfen und gefangen oder aufgehoben haben. Ein Kissen eignet sich im Gruppenraum gut als Ballersatz, weil es nicht wegrollen kann. Es bleibt dort liegen, wo es auf dem Boden aufkommt.

Variation

Das Kissen wird erst langsam von Kind zu Kind im Kreis weitergegeben. Mit jeder Runde wird das Tempo schneller. Wenn Sie rufen: *„Die Richtung wechseln!"*, wird das Kissen in die andere Richtung weitergegeben.

Wer hat an der Uhr gedreht?

Alter: ab 3 Jahren
Teilnehmer*innenzahl: ab 2 Kinder

So geht's

Die Kinder stehen im Kreis. Erklären Sie, dass die Zeit heute verrücktspielt. Alles, was normalerweise ganz ruhig oder normal schnell gemacht wird, wird heute im Turbogang erledigt. Beginnen Sie mit einem Beispiel und fordern Sie alle Kinder auf, mitzumachen, indem Sie sagen: *„Heute bin ich ganz schnell zur Kita gelaufen. Zeigt mal, wie schnell ihr laufen könnt!"* Alle laufen, so schnell sie können, auf der Stelle. Dann sagen Sie: *„Auf dem Weg habe ich jemanden gesehen, der die Straße mit einem Besen gekehrt hat."* Alle Kinder stellen pantomimisch dar, dass sie schnell den Boden fegen. Benennen Sie weitere Alltagssituationen, die die Kinder in einem schnellen Tempo nachspielen sollen.

Einige Beispiele für solche Situationen können sein:

- Zähne putzen
- mit dem Hund spazieren gehen
- Müsli essen
- sich anziehen
- Kinderzimmer aufräumen
- Staub wischen
- Milch trinken
- Haare waschen
- die Wohnung streichen

3.

BEWEGUNGSSPIELE IN DER AUFRÄUMSITUATION

Zum Spielen und zum Kita-Alltag von Kindern gehört das **gemeinsame Aufräumen** der benutzten Spiel- und Gestaltungsmaterialien. Diese von nicht allen Kindern immer gemochte Situation kann für verschiedene Bewegungsspiele genutzt werden. Das Aufräumen dauert dadurch zwar, zeitlich gesehen, länger, aber es wird so abwechslungsreich für die Kinder gestaltet und sie werden wahrscheinlich motivierter mit anpacken. Außerdem können Sie damit beispielsweise auch etwas längere Wartezeiten für die Kinder bis zum Essen oder bis zur Abholung effektiv überbrücken.

Vor dem Aufräumen macht der Storch die Runde

Alter: ab 3 Jahren
Teilnehmer*innenzahl: ab 2 Kinder
Das brauchen Sie: viele Gegenstände

Vorbereitung

Legen Sie viele Gegenstände auf den Boden mit geringem Abstand aus.

So geht's

Fordern Sie die Kinder auf, heute Störche zu spielen. Auf Zehenspitzen, auf den Ballen laufen die Störche im Raum umher, ohne einen der vielen Gegenstände, die am Boden liegen, zu berühren.

Variation

Die Störche haben es eilig und das Tempo wird erhöht. Nun müssen sie nicht nur aufpassen, dass sie keinen Gegenstand auf dem Boden berühren, sondern auch, dass es keine Zusammenstöße mit den anderen Störchen gibt.

Handtuchtransport

Alter: ab 5 Jahren
Teilnehmer*innenzahl: ab 3 Kinder
Das brauchen Sie: Handtücher

So geht's

Teilen Sie die Gruppe in Handtuchkinder und Chefkinder ein. Die Handtuchkinder finden sich zu zweit zusammen und haben ein Handtuch. Sie stehen sich gegenüber und halten in jeder Hand einen Handtuchzipfel. Die Kinder gehen so weit auseinander, dass das Handtuch gespannt zwischen ihnen ist. Die Chefkinder dürfen Gegenstände (z. B. eine Puppe), die an ihren richtigen Ort transportiert werden müssen, auf das Handtuch legen und den Befehl geben: *„Zurück … (z. B. ins Puppenbett)!"* Die Handtuchkinder befolgen den Befehl. So wird aufgeräumt. Nach einer gewissen Zeit werden die Gruppen getauscht.

Tanzwettbewerb

Alter: ab 5 Jahren
Teilnehmer*innenzahl: ab 2 Kinder
Das brauchen Sie: Musik

So geht's

Willkommen beim Tanzwettbewerb. Die Kinder haben die Aufgabe, tanzend und zur Musik aufzuräumen. Sie können dazu immer mal wieder die Musik wechseln von klassischer Musik bis hin zu kindgerechtem Hip-Hop. Ein Musikwechsel bringt sicher auch einen Bewegungswechsel beim Aufräumen. Und bei einem flotten Walzer darf auch einmal mit einem Besen ein Tänzchen gewagt werden.

Triff den Mülleimer!

Alter: ab 3 Jahren
Teilnehmer*innenzahl: ab 3 Kinder
Das brauchen Sie: Papierreste, Mülleimer

So geht's

Nach einer Bastelaktion werden die Kinder aufgefordert, die nicht mehr verwertbaren Papierreste zu Kugeln zu formen. Stellen Sie zwei oder drei Mülleimer im Raum auf und fordern Sie die Kinder auf, die Papierkugelbälle in einen der Mülleimer zu werfen. Wer nicht trifft, verringert beim nächsten Versuch den Abstand so, dass er auf jeden Fall irgendwann in den Eimer trifft.

Variation

Verteilen Sie verschieden große Mülleimer an unterschiedlichen Positionen (z. B. auf der Fensterbank oder auf einem Tisch), sodass jedes Kind seine persönliche Herausforderung hat und zu einem Erfolgserlebnis kommen kann.

Wettkampf gegen den Wecker

Alter: ab 3 Jahren
Teilnehmer*innenzahl: ab 2 Kinder
Das brauchen Sie: Eieruhr/Wecker

So geht's

Stellen Sie den Wecker so ein, dass er in zehn Minuten klingeln wird. Fragen Sie die Kinder, ob sie beim Turboaufräumen gegen den Wecker antreten möchten. Stimmen die Kinder zu, erläutern Sie ihnen die folgenden Spielregeln:

- Alle Sachen müssen ordentlich weggeräumt werden.
- Räumt so schnell auf, wie ihr könnt.
- Seid ihr vor dem Weckerklingeln fertig, habt ihr gewonnen.
- Klingelt der Wecker und ihr seid nicht fertig, ist der Wecker der Sieger.

Geben Sie das Startsignal und los geht's …

Transporter unterwegs

Alter:	ab 3 Jahren
Teilnehmer*innenzahl:	ab 2 Kinder
Das brauchen Sie:	Schuhkartons und größere Kartons, Schnur

Vorbereitung

Basteln Sie beide Teile der Schuhkartons und die anderen Kartons mit einer Schnur zu einem Lastwagen zusammen. Für zwei Kinder sollte mindestens ein Lastwagen angefertigt werden.

So geht's

Die Kinder ziehen ihren Lastwagen durch den Raum und laden Kleinteile ein, die aufgeräumt werden müssen. Sie bringen sie zu ihrem richtigen Ort und laden sie dort wieder aus.

Aufräumkönig*in befiehlt

Alter: ab 3 Jahren
Teilnehmer*innenzahl: ab 3 Kinder

Vorbereitung

Stellen Sie einen Stuhl auf die Mitte eines Tisches. Das ist der Thron.

So geht's

Ein Kind ist der*die König*in und darf sich auf den Thron setzen. Alle Kinder räumen den Gruppenraum auf. Der*die König*in ruft, wie die Kinder aufräumen sollen, und sie setzen dieses um. Er*sie achtet genau darauf, dass sich alle Kinder an den Aufräumbefehl halten. Dann darf ein neuer Befehl gegeben werden.

Befehle zum Aufräumen können beispielsweise sein:

- Räumt als feine Dame und feiner Herr auf!
- Räumt als Roboter auf!
- Räumt als fleißige Zwerge auf!
- Räumt als kleine Monster auf!

Variation

Der*die König*in verkündet nach ein paar Minuten, welches Kind den Befehl am besten umgesetzt hat. Danach ist dieses Kind der*die neue König*in.

Mit den Füßen aufräumen

Alter: ab 4 Jahren
Teilnehmer*innenzahl: ab 2 Kinder

So geht's

Die Kinder ziehen Schuhe und Strümpfe aus. Sie haben die Aufgabe, mit den Füßen aufzuräumen. Kleine Teile können mit einem Fuß gekrallt werden. Bei größeren Teilen ist Teamarbeit mit anderen Füßen gefragt. Die Kinder können sich dafür auf den Boden setzen, ein Teil mit den Füßen aufheben und sich dann mit den Händen auf dem Po über den Boden schieben. Sie können auch im Stand ein Teil mit einem Fuß krallen und auf einem Bein zum Zielort hüpfen.

Die Aufräumkette

Alter: ab 4 Jahren
Teilnehmer*innenzahl: ab 4 Kinder

So geht's

Die Kinder verteilen sich im Raum. Nun wird aufgeräumt und die Kinder dürfen sich nicht vom Platz bewegen. Wie kommen die Dinge dann von einem Ort zum anderen? Die Kinder bilden eine Kette und reichen die Dinge weiter.

Variation

Jedes Kind sitzt auf dem Boden und die Gegenstände werden mit den Füßen weitergereicht, bis sie am richtigen Ort angekommen sind.

Dreibeiniges Aufräumen

Alter: ab 5 Jahren
Teilnehmer*innenzahl: ab 2 Kinder
Das brauchen Sie: Schals

So geht's

Zwei Kinder bilden ein Team. Sie stellen sich nebeneinander. Helfen Sie den Kindern, das rechte Bein des einen Kindes an das linke Bein des anderen zu binden. So aneinander gebunden, bewegen sich die Kinder durch den Raum und räumen auf.

Hinweis

Das Spiel eignet sich nicht für Räume, in denen viele Tische und Stühle stehen. Die Kinder fallen möglicherweise hin, bevor sie sich koordinieren können. Dabei sollten sie nicht Gefahr laufen, gegen Möbel zu fallen.

Variation

Dreiarmiges Aufräumen: Die Kinder bilden Teams und Sie binden den rechten Arm des einen Kindes an den linken Arm des anderen Kindes.

Blindes Aufräumen

Alter:	ab 5 Jahren
Teilnehmer*innenzahl:	ab 2 Kinder
Das brauchen Sie:	Schals

So geht's

Die Kinder bilden Paare. Ein Kind bekommt die Augen verbunden. Das andere Kind ist für seine*n nicht sehende*n Partner*in verantwortlich. Es hat die Aufgabe, das Kind am Oberarm festzuhalten und durch den Raum zu führen. Es führt das Kind vorsichtig zu einem Gegenstand, der aufgeräumt werden muss, und führt die Hände so, dass es den Gegenstand in die Hand nehmen kann. Anschließend wird das Kind zu dem Ort geführt, wo der Gegenstand hingehört. Dort wird er abgelegt. Erläutern Sie vor Spielbeginn die Regel, dass das Kind, dessen Augen verbunden sind, voll und ganz auf das andere Kind angewiesen ist. Deshalb muss das führende Kind gut aufpassen, dass sein*e Partner*in nirgends gegenläuft und mit keinem anderen Kind zusammenstößt.

Hinweis

Es ist selbstverständlich auch möglich, dass die Kinder nicht die Augen verbunden bekommen, sondern die Augen zumachen. Blinzeln ist für ein Sicherheitsgefühl manchmal gar nicht so schlecht und sollte nicht als Schummelei betrachtet werden.

4.

BEWEGUNGSSPIELE FÜR WARTEZEITEN

Im pädagogischen Alltag kommt es immer wieder zu Zeiten, in denen die Kinder **still warten** müssen. So kann es sein, dass sie am Essenstisch sitzen, aber das Essen ist noch nicht da, oder dass alle Kinder rausgehen wollen, aber manche Kinder sind langsamer und die Gruppe wartet auf sie. Auch diese Zeiten können durch kleine Spiele bewegungsreich gestaltet und überbrückt werden.

Spiegelkind

Alter: ab 4 Jahren
Teilnehmer*innenzahl: ab 2 Kinder

So geht's

Zwei Kinder sitzen voreinander. Das eine Kind ist der Spiegel und das andere Kind „schaut" in den Spiegel hinein. Es macht Bewegungen vor dem „Spiegel" und das Spiegelkind macht sie mit. Nach einiger Zeit werden die Rollen gewechselt.

Diese Bewegungen kann das Kind vor dem Spiegel machen:

- sich mit der Hand über die Haare streichen
- den Kopf nach rechts und links neigen
- die Schultern zu den Ohrläppchen ziehen und wieder senken
- mit der rechten Hand ans linke Ohr tippen
- mit dem Zeigefinger an die Stirn tippen („einen Vogel zeigen")
- die Zunge herausstrecken
- den Oberkörper nach rechts und links neigen
- eine Acht mit dem ganzen Arm beschreiben
- Hände zur Faust machen und dann die Finger wieder strecken

Hinweis

Kinder neigen dazu, zu schnell die Bewegungen vorzugeben, sodass sie für das Spiegelkind nur schwer mitzumachen sind. Deshalb sollten Sie immer wieder darauf hinweisen, dass die Bewegungen langsam gemacht werden.

Pferderennen

Alter: ab 4 Jahren
Teilnehmer*innenzahl: ab 5 Kinder

So geht's

Sitzen die Kinder am Tisch, so fordern Sie sie auf, mit ihrem Stuhl einen halben Meter zurückzurücken. Leiten Sie das Pferderennen an und seien Sie der*die Stadionsprecher*in und die Kinder sind die Pferde. Machen Sie Bewegungen vor und fordern Sie die Kinder auf, sie mitzumachen.

So könnte die Pferderenngeschichte gehen:

„Das Rennen beginnt. Seid ihr bereit? Es geht los! Die Pferde laufen los."
(Die Kinder klatschen mit den Händen rhythmisch auf ihre Oberschenkel.)

„Die Pferde laufen eine Rechtskurve."
(Die Kinder neigen sich beim Klatschen nach rechts.)

„Die Pferde laufen geradeaus."
(Die Kinder klatschen mit den Händen rhythmisch auf ihre Oberschenkel.)

„Die Pferde laufen eine Linkskurve." (Die Kinder neigen sich beim Klatschen nach links.)

„Die Pferde springen über das erste Hindernis!" (Die Kinder springen vom Stuhl auf und setzen sich gleich wieder hin.)

„Die Pferde springen über das zweite Hindernis!" (Die Kinder springen vom Stuhl auf und setzen sich gleich wieder hin.)

„Und Endspurt! Die Pferde rennen so schnell sie können! Und nun das dritte Hindernis!" (Die Kinder springen vom Stuhl auf und setzen sich gleich wieder hin.)

„Geschafft! Die Pferde werden langsamer. Da stehen schon die Menschen von der Zeitung. Bitte winken und freundlich lächeln. Ein Foto für die Zeitung!"
(Die Kinder winken und lächeln.)

„Das Rennen ist vorbei! Gut gemacht! Alle haben gewonnen. Die Pferde halten an und werden gelobt." (Die Kinder klopfen sich oder auch dem Nachbarkind auf die Schulter.)

Wettspiel

Alter: ab 4 Jahren
Teilnehmer*innenzahl: ab 2 Kinder

So geht's

Geben Sie den Kindern herausfordernde Bewegungsaufgaben, indem Sie sagen: *„Wetten, dass ihr es nicht schafft ...!"* Achten Sie unbedingt darauf, dass die Aufgaben zwar lustig, aber stets von allen Kindern zu bewältigen sind!

Diese Wettaufgaben fordern die Kinder besonders heraus:

- Wetten, dass ihr es nicht schafft, euch zu zweit auf einen Stuhl zu setzen?
- Wetten, dass ihr es nicht schafft, dass jedes Kind jedem die Hand schüttelt?
- Wetten, dass ihr es nicht schafft, in die Hocke zu gehen und in die Luft zu springen?
- Wetten, dass ihr es nicht schafft, mit dem Po zu wackeln und euch dabei im Kreis zu drehen?
- Wetten, dass ihr es nicht schafft, euch aus dem Zimmer zu schleichen und wieder hereinzukommen?

Sitzgymnastik vor dem Essen

Alter: ab 3 Jahren
Teilnehmer*innenzahl: ab 2 Kinder

So geht's

Die Kinder sitzen am Tisch. Jedes Kind schiebt seinen Stuhl ein wenig nach hinten und setzt sich drauf. Ein Kind ist der*die Chef*in. Es darf eine Bewegung vorgeben, die die anderen nachmachen. Dann wird ein anderes Kind zum*zur Chef*in ernannt, welches eine neue Bewegung vormacht. Zur Spielregel gehört, dass die Bewegung unbedingt im Sitzen gemacht werden muss.

Folgende Bewegungen können die Kinder sitzend beispielsweise machen:

- beide Beine strecken und anwinkeln
- Arme recken
- Hände über dem Kopf bewegen
- Schultern hochziehen und senken

Zungenbrechergymnastik

Alter: ab 4 Jahren
Teilnehmer*innenzahl: ab 1 Kind

So geht's

Leiten Sie einen der folgenden Reime mit den entsprechenden Bewegungen an. Machen Sie die Bewegungen beim Sprechen vor und die Kinder machen mit. Wichtig ist, den Reim sehr langsam und deutlich zu sprechen, damit die Kinder den Zungenbrecher verstehen und die Bewegungen in der Zeit mitmachen können.

- *Zwanzig Zwerge* (auf den Boden hocken und ein Dreieck mit den Händen über dem Kopf machen als Mütze)
- *Zehn im Wandschrank* (mit einer großen Armbewegung ein Rechteck in die Luft malen)
- *Zehn am Sandstrand* (in Rücklage auf den Boden legen und die Hände hinter dem Kopf verschränken)

Variation

Nach mehrfacher Wiederholung der Reime kann das Tempo gesteigert werden.

Alle Toiletten fliegen hoch!

Alter: ab 3 Jahren
Teilnehmer*innenzahl: ab 3 Kinder

So geht's

Die Kinder sitzen am Tisch. Klopfen Sie mit den Fingerspitzen auf den Tisch und rufen Sie zum Beispiel: *„Alle Adler fliegen hoch!"* Weil Adler in der Realität fliegen können, sollen die Kinder aufspringen, sich ganz lang recken und sich dann wieder hinsetzen. Wenn Sie etwas benennen, was nicht fliegt, darf kein Kind aufspringen, sondern sie müssen sitzen bleiben.

Das kann außerdem hochfliegen:

- Flugzeuge
- Toiletten
- Hausschuhe
- Heißluftballons
- Wurstbrote
- Hubschrauber
- Fliegen
- Computer

Variation

Haben die Kinder das Spiel verstanden und öfters gespielt, sind sie an der Reihe, sich einen Satz für das Spiel auszudenken und zu sagen.

Eine Fahrradtour vor dem Mittagessen

Alter: ab 4 Jahren
Teilnehmer*innenzahl: ab 2 Kinder

So geht's

Die Kinder rücken mit ihren Stühlen so weit vom Tisch ab, dass sie eine Beinlänge Platz haben. Dann erzählen Sie eine Geschichte über eine Fahrradtour und leiten die Kinder an, passende Bewegungen zur Geschichte durchzuführen.

Die Geschichte könnte so gehen:

„Wir haben noch Zeit für eine kleine Fahrradtour. Kommt, wir fahren los."
(sich mit dem Po etwas auf der Sitzfläche nach vorn schieben, mit dem Körpergewicht nach hinten lehnen und mit den Händen hinten an der Sitzfläche festhalten; die Beine heben und in der Luft eine Radfahrbewegung machen)

„Wir fahren die Straße hinunter bis zur großen Wiese."
(die Radfahrbewegung beibehalten)

„Bei der großen Wiese angekommen, sehen wir, dass ein Radweg mitten hindurchführt. Super. Hier dürfen keine Autos fahren. Aber wir. Und zwar mit Tempo. Los, tretet ordentlich in die Pedale!"
(die Radfahrbewegungen mit Kraft und schnell ausführen)

„Wir sind am Ende des Weges! Bitte bremsen!"
(alle tun so, als würden sie bremsen, mit der imaginären Rücktrittsbremse oder Handbremse)

„Jetzt sind die Beine schlapp. Das war ein Tempo. Wir machen eine Pause."
(die Beine absetzen und leicht hin- und herbewegen)

„Weiter geht es! Das Essen steht gleich auf dem Tisch und wir müssen zurück zur Kita. Am besten nehmen wir die Abkürzung über den Berg. Wir fahren langsam den Berg hinauf."
(mit den Beinen langsame, kraftvolle Radfahrbewegungen machen)

„Wir sind oben. Runter geht es schnell und wir müssen gar nicht treten. Das Rad rollt von allein. Hui!"
(die Beine still über den Boden halten und „Hui!" rufen)

„So, jetzt nur noch auf den Hof der Kita fahren. Hier könnten wieder Autos kommen. Bitte aufpassen."

(weiter Radfahrbewegungen mit den Beinen machen)

„Mit dem Rad durch die Eingangshalle und in den Essenraum. Da sind wir. Die Radtour ist zu Ende."

(die Beine wieder auf dem Boden abstellen)

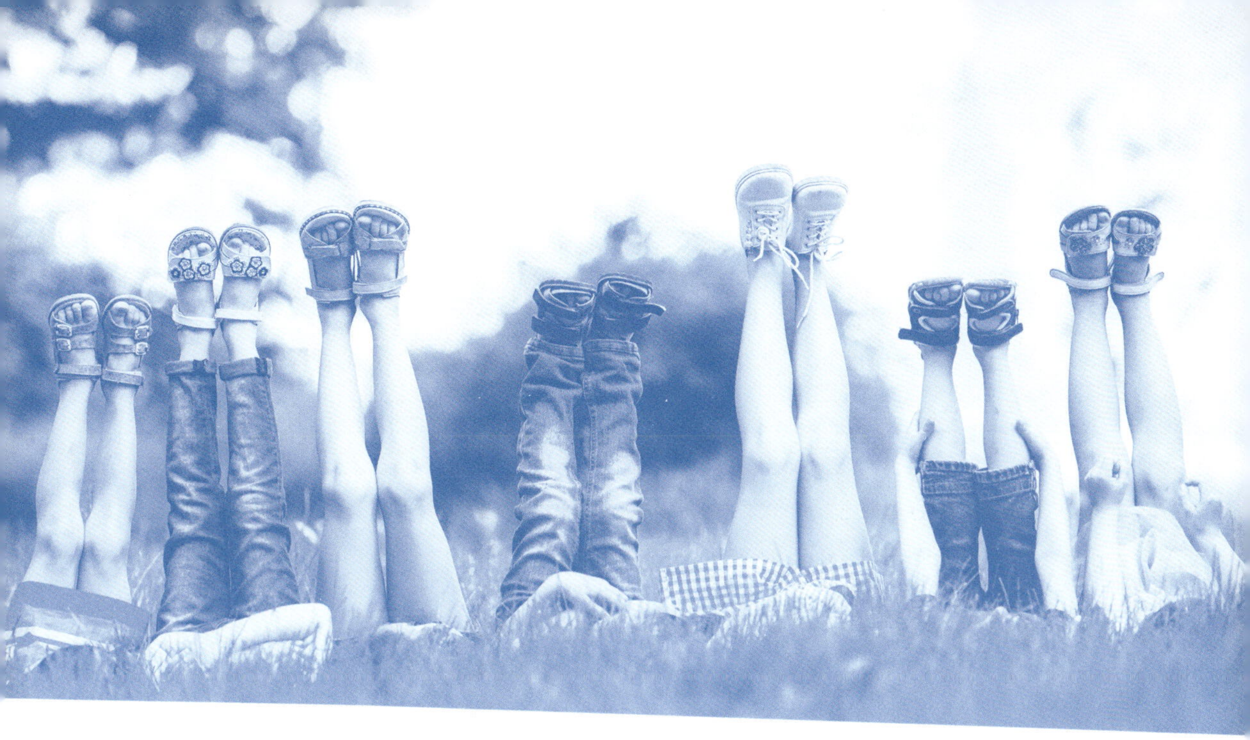

5.

BEWEGUNGSSPIELE AUF DEM FLUR

Der **Kita-Flur als Bewegungsraum** kann nicht nur im Freispiel genutzt werden. Auch regelmäßige Wege, wie etwa vom Essens- zum Waschraum, können durch kleine Spielideen bewegungsanregend gestaltet werden. Achten Sie unbedingt darauf, dass es im Flur keine Stolperfallen gibt! Gegebenenfalls herumstehende Dinge, über die die Kinder fallen könnten, sollten weggeräumt werden.

Balanceakt

Alter: ab 3 Jahren
Teilnehmer*innenzahl: ab 1 Kind
Das brauchen Sie: farbiges Klebeband

Vorbereitung

Kleben Sie im Kita-Flur eine lange, kurvenreiche und/oder zickzackreiche Linie auf.

So geht's

Die Kinder haben die Möglichkeit, auf der aufgeklebten Linie zu balancieren. Ermuntern Sie sie, verschiedenste Bewegungen durchzuführen, wie zum Beispiel:

- über die Linie hin- und herspringen
- über die Linie krabbeln
- mit dem Po sich auf die Linie setzen und sich mit den Füßen abstoßen, um sich so über die Linie zu schieben
- nur die Hände gehen auf der Linie

Variation

Sind die Kinder jünger, ist das Balancieren zum Beispiel so einfacher: Malen/Kleben Sie zwei Linien nebeneinander auf dem Boden auf. Der Abstand sollte so sein, dass jedes Kind jeweils einen Fuß auf eine der beiden Linien setzen kann und breitbeinig auf den Linien laufen kann. Die Kinder können auch eine Schlange bilden und als Gruppe auf der*den Linie*n gehen, indem sie sich an den Händen fassen oder die Hände auf die Schultern des Kindes vor sich legen.

Schnelle Schlittenhunde

Alter: ab 3 Jahren
Teilnehmer*innenzahl: ab 2 Kinder
Das brauchen Sie: Bettlaken oder Decken

So geht's

Ein Kind setzt oder legt sich auf ein ausgebreitetes Bettlaken oder eine Decke. Ein oder zwei andere Kinder nehmen den vorderen Rand und ziehen es über den Flur.

Variation

Ein Kind setzt sich auf ein Bettlaken oder eine Decke. Ein anderes ist der Schlittenhund oder die Schlittenhündin. Die beiden sind durch ein Seil miteinander verbunden und halten jeweils ein Seilende in der Hand. Das vordere Kind zieht das sitzende Kind über den Flur.

Laufstegmodels

Alter: ab 3 Jahren
Teilnehmer*innenzahl: ab 2 Kinder
Das brauchen Sie: Schuhe aus der Verkleidungskiste oder die, die Kinder von zu Hause mitbringen

So geht's

Heute sind die Models los und präsentieren ihre neusten Schuhe auf dem Laufsteg im Kita-Flur. Dafür sucht und gestaltet sich jedes Kind ein lustiges Schuhpaar, wie etwa einen viel zu großen Gummistiefel in Kombination mit einem Absatzschuh. Nacheinander laufen die Kinder wie Models langsam über den Flur.

Inselparcours

Alter: ab 3 Jahren
Teilnehmer*innenzahl: ab 2 Kinder
Das brauchen Sie: farbiges Klebeband

Vorbereitung

Kleben Sie auf dem Kita-Flur große und kleine Kreise mit Klebeband auf.

So geht's

Die Kinder springen von Klebeband-Insel zu Klebeband-Insel. Insbesondere wenn viele Kinder mitmachen und springen, kann es auf kleineren Inseln eng werden. Schnell müssen deshalb alle Kinder auf diesen Inseln zusammenrücken oder ein Kind muss den Platz freigeben und auf eine andere Insel springen.

Variation

Die Kinder schwimmen (mit Schwimmbewegungen laufen) von Insel zu Insel.

Achtung, Pfütze!

Alter: ab 3 Jahren
Teilnehmer*innenzahl: ab 2 Kinder
Das brauchen Sie: farbiges Klebeband

Vorbereitung

Kleben Sie im Kita-Flur große und kleine Kreise mit Klebeband auf den Boden.

So geht's

Die Kinder gehen oder laufen über den Flur und dürfen dabei auf keinen Fall in die Pfützen (Kreise auf dem Boden) treten oder sie berühren. Fordern Sie sie auf, über die Pfützen zu springen oder um sie herumzulaufen.

Variation

Ab in die Pfützen! Die Kinder nehmen Anlauf und springen in die Pfützen. Gern mit einem lauten Jubelschrei, denn Pfützenspringen macht einfach Spaß!

Flussüberquerung

Alter: ab 4 Jahren
Teilnehmer*innenzahl: ab 2 Kinder
Das brauchen Sie: Kissen, Tücher und/oder Teppichfliesen, farbiges Klebeband

Vorbereitung

Markieren Sie auf dem Kita-Flur eine Startlinie und in einiger Entfernung eine Ziellinie.

So geht's

Alle Kinder versammeln sich vor der Startlinie (je nach Breite des Flures stehen die Kinder neben- oder hintereinander). Fordern Sie sie auf, von dieser Seite des Flusses zur anderen Seite des Flusses zu gelangen – ohne dabei nasse Füße zu bekommen. Um diese schwierige Aufgabe lösen zu können, dürfen sie Kissen, Tücher oder Teppichfliesen (je nachdem, was in der Kita vorhanden ist) benutzen.

Nacheinander legt sich jedes Kind eine ausgewählte Unterlage ins Wasser und springt hinauf. Dann nimmt es sich wieder eine Unterlage und legt sie vor sich hin, sodass es auf sie hüpfen kann ... Das Spiel ist aus, wenn alle Kinder auf der anderen Flussseite (Seite des Flures) sicher angekommen sind.

Transportprofis

Alter:	ab 3 Jahren
Teilnehmer*innenzahl:	ab 2 Kinder
Das brauchen Sie:	verschiedene Dinge, die gut transportiert werden können (z. B. ein Buch, ein Tuch, einen Korb oder einen Holzbaustein)

Vorbereitung

Legen Sie die Materialien an eine Seite des Kita-Flures.

So geht's

Fordern Sie die Kinder auf, sich einen Gegenstand auszusuchen und ihn von einem Ende auf die andere Seite des Flures zu transportieren. Die Herausforderung ist, dass die Gegenstände nicht mit den Händen festgehalten werden dürfen und sich die Kinder eine andere Art des Transports überlegen müssen.

Einige Ideen für Transportmöglichkeiten sind:

- ein Buch auf dem Kopf balancieren
- ein Tuch auf die Schulter legen
- einen Holzbaustein unter das Kinn klemmen
- schwierig: einen Korb auf einen Fuß stellen und sich auf dem anderen Bein hüpfend, fortbewegen

Variation

Die Kinder können je nach Können und Experimentierfreude die Anzahl der zu transportierenden Gegenstände und die Fortbewegungsart (z. B. gehen, laufen, rennen, krabbeln) variieren.

Schnellschwimmer*innen

Alter: ab 3 Jahren
Teilnehmer*innenzahl: ab 2 Kinder
Das brauchen Sie: Kissen, Tücher und/oder Teppichfliesen, farbiges Klebeband

Vorbereitung

Markieren Sie auf dem Kita-Flur eine Startlinie und eine Ziellinie. Die Materialien werden als Steine dazwischen in den Fluss (Kita-Flur) gelegt.

So geht's

Alle Kinder versammeln sich vor der Startlinie. Sie ziehen ihre imaginäre Badehose oder ihren Badeanzug an. Dann haben sie die Aufgabe, ins Wasser zu springen und durch den Fluss zu schwimmen, ohne die gefährlichen Steine zu berühren. Motivieren Sie die Kinder zu verschiedenen Bewegungsarten, mit denen sie um die Hindernisse schwimmen können.

Beispiele können sein:

- Brustschwimmen
- Kraulen
- rückwärts schwimmen
- durch das Wasser wie beim Wasserballett

Schlittschuhlaufen

Alter: ab 3 Jahren
Teilnehmer*innenzahl: ab 1 Kind
Das brauchen Sie: Wischtücher

So geht's

Jedes Kind legt zwei Wischtücher ausgebreitet vor sich auf den Boden und stellt sich mit jeweils einem Fuß drauf. Nun schlittert das Kind so über den Flur, dass die Tücher unter den Füßen bleiben.

Die Kinder können zu unterschiedlichen Bewegungsarten angeregt werden, wie beispielsweise:

- sich rückwärts bewegen
- große, raumgreifende Bewegungen machen
- kleine, zackige Bewegungen machen
- schwierig: sich in der Hocke vorwärtsbewegen (im „Entengang")
- sich an ein anderes Kind anhängen, mit den Händen die Hüfte des vorderen Kindes umfassen und sich ziehen lassen

Variation

Kann auch ein Hund Schlittschuhlaufen? Na klar! Jedes Kind bekommt vier Wischtücher. Es stellt jeweils eine Hand und einen Fuß darauf. Alternativ kann das Kind auch jeweils eine Hand und jeweils ein Knie auf ein Wischtuch stellen. Fällt den Kindern ein, wie sich der Hund nun am besten sicher über das Eis bewegen kann?

Hüpfmuster

Alter:	ab 5 Jahren
Teilnehmer*innenzahl:	ab 1 Kind
Das brauchen Sie:	farbiges Klebeband, ggf. Sandsäckchen

So geht's

Die Kinder kleben sich Kästchen auf den Boden. Sie springen, ausgehend von einer Startlinie, von Kästchen zu Kästchen den Flur entlang. Ist ein Abstand zu weit, können mehr Kästchen dazwischengeklebt werden. Das Spiel beginnt von vorn, wenn alle Kinder einmal von Kästchen zu Kästchen durch den ganzen Flur gehüpft sind.

Einige Ideen zum Hüpfen sind:

- mit geschlossenen Beinen hüpfen
- hüpfen und dabei in die Hände klatschen
- auf einem Bein hüpfen
- rückwärtshüpfen

Variation

Mit einem Sandsäckchen wird das Spiel zu einem Wurfspiel. Die Kinder müssen versuchen, ein anvisiertes Kästchen mit dem Säckchen zu treffen.

Lustige Krabbelwesen

Alter: ab 5 Jahren
Teilnehmer*innenzahl: ab 2 Kinder

So geht's

Zwei oder mehr Kinder bilden gemeinsam ein selbst ausgedachtes Wesen und bewegen sich über den Flur der Kita.

Einige Ideen für Bewegungen des Fantasiewesens sind:

- Drei Kinder bilden eine Art Schmetterling, ein Kind ist dabei der Körper und zwei Kinder sind die Flügel.
- Fünf Kinder bilden eine Reihe und umklammern jeweils das Kind vor sich (bis auf das erste Kind), gemeinsam bewegen sie sich fort.
- Vier Kinder bilden eine Reihe im Vierfüßlerstand, dafür greift jedes Kind (bis auf das erste Kind) an die Knöchel des Kindes, welches vor ihm kniet, und hält sich daran fest.

Die klebende Zeitung

Alter: ab 3 Jahren
Teilnehmer*innenzahl: ab 1 Kind
Das brauchen Sie: Zeitungen

So geht's

Jedes Kind bekommt einen Zeitungsbogen. Die Kinder stellen sich am Ende des Flures auf. Sie halten die Zeitung ausgebreitet an ihrem Oberkörper fest und laufen los. Im Laufen lassen sie die Zeitung los. Die Zeitung klebt am Körper. Wie lange bleibt sie am Körper kleben? Wie schnell muss dafür gerannt werden? Sorgen Sie dafür, dass die Kinder, die schon am anderen Ende des Flures angekommen sind, nicht einfach umdrehen und zurücklaufen. Die Rennstrecke wird erst wieder freigegeben, wenn alle einmal am Ziel waren.

Die sportliche Schlange

Alter:	ab 5 Jahren
Teilnehmer*innenzahl:	ab 5 Kinder

So geht's

Die Kinder stellen sich an einem Ende des Flures als Schlange hintereinander auf. Das erste Kind darf eine Fortbewegungsart vormachen und alle Kinder machen sie nach. So bewegt sich die Schlange über den Flur. Halten Sie nach einiger Zeit die Schlange an. Das erste Kind stellt sich ganz hinten an und das nächste Kind darf nun eine Bewegung vormachen, die die anderen nachmachen. Jedes Kind sollte einmal als erstes Kind an die Reihe kommen.

Einige Beispiele für Bewegungsmöglichkeiten der Schlange sind:

- auf den Zehenspitzen oder Fersen laufen
- vorwärtshüpfen
- große Dinosaurierschritte oder klitzekleine Mäuseschritte machen
- Schwimmbewegungen mit den Armen machen
- gehen und dabei mit dem Kopf wackeln
- im Storchengang gehen
- sich bäuchlings über den Boden schlängeln oder krabbeln

Variation

Alle Kinder stellen sich mit gegrätschten Beinen hintereinander auf und bilden einen Tunnel. Das erste Kind dreht sich um und krabbelt durch den Tunnel bis nach hinten. Dort stellt es sich wieder mit gegrätschten Beinen auf. Es ruft: *„Angekommen!"* und das nächste Kind kriecht durch den Tunnel. So bewegt sich die Schlange, dieses Mal im Schneckentempo, über den Flur.

6.

BEWEGUNGSSPIELE AUF DEM AUßENGELÄNDE

Der Außenbereich einer Kita bietet den Kindern die meiste **Bewegungsfreiheit.** Das sieht man auf einen Blick: Kindergruppen auf dem Außengelände sind permanent in Bewegung. Sie rennen und hüpfen, sie schaukeln und klettern und rufen und schreien. Auch ohne explizites Spielzeug nutzen sie die Weitläufigkeit, Büsche, Hecken und Nischen für ihre Spiel- und Bewegungsideen. Ein besonderer Vorteil beim Freispiel auf dem Außengelände ist, dass die Kinder die Gelegenheit haben, auch mal unbeobachtet von Erwachsenen spielen zu können. Mal schnell ein Geheimversteck hinter den Büschen bauen oder um die Ecke flitzen und an die Scheibe des Kita-Büros klopfen, um danach schnell wieder wegzurennen ...

Pädagogische Fachkräfte sollten Kindern auch ausgewählte **Spielmaterialien** auf dem Außengelände zur Verfügung stellen, die zu vielseitigen Bewegungen und Spielen anregen. Dazu zählen beispielsweise Bälle, Dreiräder, Laufräder, Roller, Dosenstelzen, Schubkarren, Schwungbänder, Seile, Gummitwist, aber auch alte Autoreifen oder Rohre. Die Materialien sollten für die Kinder selbstständig erreichbar sein. So könnten sie beispielsweise in einem Schuppen oder Unterstand auf Höhe der Kinder gelagert sein. Sie sollten lieber weniger Material anbieten und es für die Kinder selbstständig einsehbar und nutzbar machen als zu viel Material, an welches die Kinder nicht ohne Hilfe kommen. Pädagogische Fachkräfte sollten die Spielzeuge regelmäßig überprüfen. Sind die Materialien noch heil? Werden sie von den Kindern genutzt? Sollte das Material ausgetauscht werden und wenn ja, gegen was? Äußern die Kinder derzeit Interessen und Bedürfnisse, die andere Materialien nötig machen? Falls ja, welche? Und welche sollen dafür vorerst aussortiert werden?

Auf dem Außengelände können Kinder Bewegungsspiele in Klein- oder auch Großgruppen spielen. Insbesondere die Kinder, die bald zur Schule kommen, profitieren davon, wenn sie ein paar Spiele kennen, die sie bald **selbst organisiert** auf dem Schulhof oder nach der Schule auf dem Spielplatz oder auf der Straße **spielen** können.

GUT ZU WISSEN

Vor 100 Jahren kannten Kinder insgesamt 100 unterschiedliche Spiele, die sie draußen spielen konnten. Heutzutage sind ihnen durchschnittlich nur fünf bis sechs Spiele bekannt (vgl. Deutscher Kinderschutzbund Landesverband NRW e. V. 2020, Bewegungsmangel bei Kindern).

Mäuschen, steht still!

Alter: ab 5 Jahren
Teilnehmer*innenzahl: ab 4 Kinder
Das brauchen Sie: Gegenstand als „Käse", z.B. gelben Schwamm oder gelben, großen Holzbaustein

So geht's

Ein Kind wird als Katze ausgewählt. Die anderen Kinder sind die Mäuse. Die Mäuse stellen sich nebeneinander hinter einer Startlinie auf. Auf der gegenüberliegenden Seite, in circa zehn Metern Entfernung, steht die Katze. Einen halben Meter vor der Katze wird der Käse abgelegt. Die Katze will den Käse bewachen. Sie dreht sich auf der Stelle um und ruft dabei: *„Mäuschen, steht still!"* Währenddessen bewegen sich alle Mäuse auf die Katze zu. Beendet die Katze ihren Satz, also beim Wort „still!" – verharren alle Mäuse bewegungslos in ihren Bewegungen. Sieht die Katze, dass sich eine Maus bewegt, muss die Maus drei Schritte zurückgehen. Dann beginnt die nächste Runde. Das Spiel ist vorbei, wenn eine Maus den Käse berührt hat.

Variation

Die Katze darf zur Überprüfung, ob alle Mäuse bewegungslos sind, zu den einzelnen Mäusen gehen und sie zu Bewegungen reizen. Dazu zählt beispielsweise, eine Maus durch Grimassen zum Lachen zu bringen. Die Katze darf dabei allerdings keine Maus berühren.

Verstecken mit Sucher*innenkette

Alter: ab 4 Jahren
Teilnehmer*innenzahl: ab 4 Kinder

So geht's

Zählen Sie mit dem suchenden Kind laut bis 15. Währenddessen verstecken sich die anderen Kinder auf dem Außengelände. Kleine Kinder sollten sich zusammen mit einem größeren Kind verstecken. Ist das suchende Kind fertig mit dem Zählen, beginnt es, die anderen Kinder zu suchen. Entdeckt es ein Kind, wird es an die Hand genommen und die beiden suchen zusammen weiter nach den anderen Kindern. Nach diesem Prinzip geht es weiter, bis alle Kinder als lange Schlange zusammen sind.

Hinweis

Dieses Spiel eignet sich noch nicht für die ganz Kleinen. Sie halten es oft noch nicht aus, lange im Versteck zu sein, oder verraten, nett gemeint, die Verstecke der anderen Kinder.

Pflasterticken

Alter: ab 4 Jahren
Teilnehmer*innenzahl: ab 4 Kinder

So geht's

Ein Kind ist Ticker*in und beginnt, eins der weglaufenden Kinder zu ticken. Wer getickt wird, ist der*die nächste Ticker*in. Es muss allerdings eine Hand auf die Stelle legen (als Pflaster), an der es zuvor beim Anticken berührt wurde. Erst wenn es ein anderes Kind getickt hat, darf es die Hand wieder von der Körperstelle nehmen.

Die Polizei braucht Hilfe

Alter: ab 5 Jahren
Teilnehmer*innenzahl: ab 4 Kinder

So geht's

Ein Kind ist Polizist*in. Die anderen Kinder sind Verbrecher*innen. Sie rennen weg und die Polizei muss sie fangen. Ist ein*e Dieb*in gefangen, wechselt dieses Kind auf die gute Seite und wird zum*zur Polizist*in. Es darf nun auch die anderen Verbrecher*innen mit fangen. Sind alle Verbrecher*innen getickt und gehören damit alle Kinder zur Polizei, ist das Spiel vorbei.

Variation

Die Kinder laufen nicht nur auf dem Spielfeld herum, sondern sie dürfen sich auch auf dem Außengelände verstecken. Die Polizei sucht sie und darf sie ticken, wenn sie gefunden sind.

Ticken und Erlösen

Alter: ab 5 Jahren
Teilnehmer*innenzahl: ab 5 Kinder

So geht's

Ein Kind wird als Fänger*in bestimmt. Alle Kinder laufen auf dem Außengelände herum. Wer vom fangenden Kind getickt wird, hockt sich hin und ruft: *„Hilfe!"* Die noch nicht gefangenen Kinder können das Kind erlösen, indem sie beide Hände auf seinen Kopf legen und rufen: *„Befreit!"*

Variation

Wenn ein Kind getickt ist, bleibt es stehen und hüpft auf der Stelle. Es ist erlöst, wenn ein anderes Kind sich vor es stellt und ebenfalls auf der Stelle hüpft.

Aufgepasst!

Alter: ab 4 Jahren
Teilnehmer*innenzahl: ab 3 Kinder

So geht's

Die Kinder laufen in Ihrer Hörweite auf dem Außengelände umher. Rufen Sie zu ihnen: *„Aufgepasst!"* und darauf folgt eines der folgenden Kommandos, die die Kinder befolgen sollen:

- *„Schaukel!"*: Alle Kinder laufen zur Schaukel und berühren sie.
- *„Baum!"*: Alle Kinder laufen zu einem Baum und berühren ihn.
- *„Stein!"*: Alle Kinder hocken sich auf den Boden.

Wenn alle Kinder der Gruppe die entsprechende Position eingenommen haben, rufen Sie: *„Und weiter!"* Die Kinder bewegen sich weiter über das Außengelände und horchen, wann das nächste Kommando ertönt.

Variation

Die Kinder denken sich neue Kommandos aus. Feststehende Spielgeräte oder die Gegebenheiten des Spielfeldes werden mit einbezogen.

Flinke Seilhüpfer*innen

Alter: ab 4 Jahren
Teilnehmer*innenzahl: ab 2 Kinder
Das brauchen Sie: langes Seil (oder zwei, drei kurze Seile aneinandergeknotet)

So geht's

Stellen Sie sich auf eine freie Fläche auf dem Außengelände. Die Kinder stellen sich mit viel Abstand um Sie herum auf. Halten Sie das Seil in der Hand, ungefähr auf Wadenhöhe. Drehen Sie sich dann so um die eigene Achse, dass das Seil abhebt und den Boden nicht mehr berührt. Die Kinder dürfen sich nun weiter zu Ihnen bewegen. Immer wenn das Seil nun nah bei ihnen ist, müssen sie mit einem Hüpfer darüberspringen oder auch darübersteigen. Hauptsache, das Seil wird in seiner Bewegung nicht gestoppt.

Variation

Knoten Sie das Seil an einem feststehenden Gerüst mit einem Ende an. Das andere Ende haben Sie in der Hand. Stellen Sie sich in einem solchen Abstand auf, dass die Mitte des Seils den Boden berührt. Die Kinder stellen sich auf einer Seite des Seils auf. Bringen Sie das Seil so in Bewegung, dass es etwas nach links und rechts schaukelt. Die Kinder gehen oder rennen einzeln über das Seil, ohne es zu berühren.

Füchse fangen

Alter:	ab 5 Jahren
Teilnehmer*innenzahl:	ab 5 Kinder
Das brauchen Sie:	Tücher

So geht's

Alle Kinder sind Füchse. Jedes Kind bekommt ein Tuch. Dieses wird so hinten in die Hose gesteckt, dass es wie ein Schwanz herausguckt. Ein Kind ist der Bär und der hat keinen Schwanz.

Auf Ihr Kommando: *„Achtung. Fertig. Der Bär ist los!“* laufen alle Füchse vor dem Bären weg. Der Bär hat die Aufgabe, die Füchse zu fangen. Gefangen ist ein Kind, wenn ihm der Schwanz herausgezogen wurde. Die erledigten Füchse hocken sich (mit dem Schwanz in der Hand) auf den Boden. Wenn alle Füchse am Boden sind, ist das Spiel vorbei.

Kettenfangen

Alter: ab 5 Jahren
Teilnehmer*innenzahl: ab 5 Kinder

Vorbereitung

Grenzen Sie ein Spielfeld auf dem Kita-Außengelände ab.

So geht's

Ein Kind ist der*die Ticker*in und die anderen laufen vor ihm*ihr weg. Wenn das Kind jemanden tickt, fassen sich Ticker*in und das getickte Kind an den Händen und laufen gemeinsam weiter, um das nächste Kind zu fangen. Auch dieses Kind fasst eine Hand der Ticker*innenkette und das Fangen geht weiter. Wenn vier Kinder eine Kette bilden, wird die Kette geteilt, sodass zwei Kinder gemeinsam weiterlaufen. Das Spiel ist beendet, wenn alle Kinder getickt wurden.

Hinweis

Wenn sich im Laufe des Spieles herausstellt, dass die Kinder als Kette zu langsam werden, um andere Kinder zu fangen, sollte das Spiel kurz unterbrochen werden, um das Spielfeld kleiner zu machen.

7.

RAUS AUS DER KITA IN DEN STADTTEIL

GUT ZU WISSEN

Jeder Stadtteil, jedes Umfeld außerhalb einer Kita bietet **Bewegungsgelegenheiten** ganz unterschiedlicher Art. Während ältere Kinder sie schon allein in ihrer Freizeit erkunden und erobern, so können Kita-Kinder dieses in der Regel noch nicht. Sie können jedoch mit den pädagogischen Fachkräften die Bewegungsgelegenheiten im Umfeld der Kita Stück für Stück gemeinsam entdecken.

Öffentliche Parkanlagen und öffentliche Spielplätze in der Wohnumgebung oder in der Nähe der Kita sind vielen Eltern und Kindern sicherlich bekannt und werden häufig gern genutzt. Darüber hinaus gibt es aber auf dem Weg dorthin auch eine Menge weiterer Orte, die die Kinder zusammen mit ihrer Kita-Gruppe **aufspüren** können. Dafür müssen die pädagogischen Fachkräfte „mit den Augen der Kinder" sehen, denn die Kinder sehen meist eine kleine Mauer, auf der sie balancieren möchten, oder den Baum, der sich als Kletterbaum eignet, schneller als manch ein*e Erwachsene*r.

Die pädagogischen Fachkräfte müssen immer wieder von Situation zu Situation abschätzen, ob die jeweils von den Kindern besonders favorisierte Bewegungsgelegenheit für sie erlaubt ist oder nicht. Sie muss selbstverständlich **ungefährlich sein und rechtlich erlaubt.** Der beste Kletterbaum im privaten Garten einer unbekannten Person kann also leider oftmals nur aus der Ferne bestaunt werden. Kinder haben zum Glück aber die Fähigkeit, kreativ, auch mit wenig Bewegungsmöglichkeiten, umzugehen. So können sie sich zum Beispiel lange genügsam damit beschäftigen, auf einer Parkbank zu klettern, unter ihr und durch sie hindurchzukrabbeln oder von ihr herunterspringen. Neben den speziellen Gegenständen oder Orten im Umfeld einer Kita bieten auch die regelmäßig wechselnden Jahreszeiten und die mit ihnen verbundenen Auswirkungen vielseitige Bewegungsimpulse für Kinder außerhalb der Kita. So springen sie beispielsweise liebend gern mit Anlauf in einen großen Haufen von Herbstblättern oder in eine Regenpfütze und rennen im Sommer fröhlich über eine Wiese mit Gänseblümchen.

Insgesamt fördern **Spaziergänge** und viele Schritte die Ausdauerfähigkeit. Kinder laufen jedoch oftmals zu wenig. In der Stadt werden sie häufig mit öffentlichen Verkehrsmitteln oder mit Autos von einem Ort zum anderen gefahren. Eltern ist es oft zu mühselig, mit ihren Kindern einen „zweckfreien" Spaziergang zu machen. Entweder kommen sie kaum vom Fleck, weil die Kinder auf dem Weg so viel entdecken, was ihre Aufmerksamkeit abverlangt, oder die Kinder fangen an, zu nörgeln, weil sie den Spaziergang langweilig finden. Deshalb ist es gut, wenn die Kinder in der Kita regelmäßig Spaziergänge unternehmen. In der Gruppe macht es einfach Spaß. Und wird es einmal langatmig, gibt es **Spiele,** die die Langeweile schnell vergessen lassen. Am Ende haben die Kinder oft gar nicht bemerkt, wie viel sie tatsächlich gelaufen sind!

Die Stadt, häufig mit vielen Straßen und Autos, ist kein sicherer Ort, an dem sich Kinder ganz unbeschwert bewegen können. Pädagogische Fachkräfte müssen sich stets vor Augen halten, dass der Straßenverkehr und die Verkehrsregeln den Kindern ein hohes Maß an **Aufmerksamkeit** abverlangen. Viel Übung und bewusstes Wahrnehmen sind notwendig, bis es Kindern zuzutrauen ist, die Gefahrensituationen allein zu erkennen und gut zu meistern.

TIPP

Wenn Sie mit den Kindern im Umfeld der Kita unterwegs sind, sollten sie immer zu zweit – Hand in Hand – gehen. Es sollten mindestens zwei Erwachsene dabei sein, je nach Gruppengröße auch mehr. Ein*e Erwachsene*r sollte am Anfang und der*die andere am Ende der Gruppe gehen. Kreuzungen und Straßen sollten immer als Gruppe überquert werden.

Die Erwachsenen tragen die **Verantwortung,** dass der Weg außerhalb der Kita sicher für die Kinder ist. Auch in einer Stadt gibt es immer mal wieder Strecken, zum Beispiel in Parkanlagen, auf denen die Kinder freier laufen können. Diese sollten jedoch begrenzt werden, beispielsweise durch konkrete Ansagen wie: *„Ihr dürft bis zur Bank laufen!"* Dort warten dann alle Kinder, bis die Gruppe wieder beisammen ist.

Ein Hut, ein Stock, ein Regenschirm

Alter: ab 5 Jahren
Teilnehmer*innenzahl: ab 1 Kind

So geht's

Sagen Sie rhythmisch folgenden Reim auf und laufen Sie pro Silbe einen Schritt dabei. Fordern Sie die Kinder auf, mitzumachen.

„Und eins und zwei und drei und vier.
Ein Hut, ein Stock, ein Regenschirm. (nun bleiben alle stehen)
Und vorwärts, (einen Fuß nach vorn ausstrecken und auf den Boden tippen)
rückwärts, (einen Fuß nach hinten ausstrecken und auf den Boden tippen)
seitwärts, (einen Fuß zur Seite ausstrecken und auf den Boden tippen)
ran. (Fuß wieder neben den anderen stellen)
Und Hacke, (Ferse aufsetzen)
Spitze, (Fußspitze aufsetzen)
hoch das Bein!" (das Bein in die Luft heben und wieder zurück)
Dann geht es wieder von vorn los.

Rennstrecken

Alter: ab 5 Jahren
Teilnehmer*innenzahl: ab 1 Kind

So geht's

Geben Sie ein Ziel und eine Fortbewegungsart vor, mit der die Kinder das Ziel erreichen sollen. Wichtig ist, dass die Fortbewegungsart so frei vorgegeben ist, dass auch jedes Kind ein Erfolgserlebnis hat.

Beispiele für einige Fortbewegungsarten und mögliche Rennstreckenziele sind:

- laufen wie ein sehr feiner Herr (bis zur Bank)
- hüpfen wie ein müdes Känguru (bis zum Baum)
- torkeln wie ein seekranker Matrose (bis zum Stromkasten)

Ein Ausritt mit dem Pferd

Alter: ab 4 Jahren
Teilnehmer*innenzahl: ab 2 Kinder
Das brauchen Sie: Seile, ggf. Kreide und kleine Äste

So geht's

Zwei Kinder bilden ein Team. Ein Kind ist das Pferd und das andere der*die Reiter*in. Das Pferd legt sich das Seil über den Nacken oder die Schultern. Jedes Seilende wird unter dem jeweiligen Arm nach hinten geführt. Der*die Reiter*in nimmt sich mit jeder Hand ein Seil. Und schon kann es losgehen. Die Kinder können sich Namen für sich und ihr Pferd überlegen. Sie sind der*die Reitlehrer*in und alle hören auf Ihr Kommando. Der*die Reiter*innen geben ihren Pferden die entsprechenden Zeichen. Bevor der Ausritt beginnt, stellen sich alle hintereinander auf. Wenn Sie als Reitlehrer*in rufen: *„Und los!"*, gehen die Kinder los. Zuerst wird eine Proberunde auf dem Außengelände gemacht, bei der Sie die wichtigsten Kommandos den Reiter*innen erläutern:

- *„Schritt"*: gehen
- *„Trab"*: traben
- *„Galopp"*: galoppieren (sogenannte Pferdchensprünge)
- *„Ho!"* und Ziehen am Zügel: stehenbleiben

Sind alle Kinder mit den Kommandos vertraut, kann es hinaus „ins Gelände" gehen. So spazieren die Kinder in einer Reihe durch den Stadtteil. Möglicherweise gibt es eine Grünfläche, auf der die Pferde „grasen" können. Vielleicht können die Reiter*innen den Pferden auch mitgebrachte Apfelstücke geben. Möglich ist auch, dass die Reiter*innen ihre Pferde tauschen, wenn die Pferde damit einverstanden sind. Und wenn es der Platz hergibt, können ein paar Hindernisse übersprungen werden (z. B. Kreidestriche auf dem Boden oder Äste, die auf den Boden gelegt werden). Am Ende des Ausrittes werden die Pferde ausgiebig gelobt und vielleicht auch (mit Haarbürsten) gestriegelt.

Wir gehen auf Schnitzeljagd

Alter: ab 4 Jahren
Teilnehmer*innenzahl: ab 2 Kinder und mindestens 2 Fachkräfte
Das brauchen Sie: Kreide, farbige Bänder, Schere, Stöcke, Zettel, Stift

Vorbereitung

Kurz bevor die Kinder mit der Schnitzeljagd starten, muss diese vorbereitet werden. Gehen Sie dafür den Weg ab und malen Sie mit Kreide oder legen mit Stöcken, Pfeile auf den Weg, sodass die Kinder selbstständig von Bodenmarkierung zu Bodenmarkierung gehen können. An einigen Stellen hängen Sie ein buntes Band sichtbar an den Weg. Daran hängen Sie einen Zettel mit einer Aufgabe, die die Kinder erfüllen sollen. In dieser Weise wird der Spazierweg gestaltet.

Beispiele für Aufgaben auf den Zetteln können sein:

- Jedes Kind sucht einen Stein. Legt sie als Bild zusammen auf den Boden.
- Krabbelt über die Parkbank.
- Einigt euch auf ein Lied und singt es gemeinsam.
- Watschelt quakend als Ente bis zum nächsten bunten Band.
- Schleicht gemeinsam um den großen Baum herum.

So geht's

Die Kinder folgen den Pfeilen und Richtungshinweisen. An den Markierungen für die Aufgaben lesen Sie die jeweilige Aufgabe vor und die Kinder lösen diese. Erst danach geht es weiter den Pfeilen nach. Ist die Strecke bis zur Kita geschafft, haben alle Kinder gewonnen!

Hinweis

Bei einer Schnitzeljagd gibt es oft das Problem, dass einzelne Kinder vorlaufen, wenn sie von Weitem eine Markierung entdecken und andere zurückbleiben. Halten Sie vor und während der Schnitzeljagd die Kinder an, als Gruppe gemeinsam zu gehen. Sie können auch die Regel aufstellen, dass Rennen nicht erlaubt ist und alle Kinder gehen müssen.

8.

BEWEGUNG UND ENTSPANNUNG BILDEN EINE EINHEIT

Neben viel Bewegung ist auch Entspannung ein wesentlicher Beitrag zur Gesundheit. Bewegung und Entspannung gehören zusammen, denn Entspannung ist das **Lösen von Spannung.** In der Entspannung erholen sich der Körper und die Psyche, Anspannungen werden abgebaut. Es ist die Phase der Regeneration. Viele Kinder ziehen sich im Kita-Alltag selbstständig aus dem Trubel zurück, wenn sie Entspannung brauchen. Sie krabbeln bei der erwachsenen Bezugsperson auf den Schoß oder legen sich einfach auf den Boden. Andere Kinder wiederum brauchen Hilfe von außen, um sich im bewegten Alltag zu entspannen.

Pädagogische Fachkräfte sollten dafür sorgen, dass der Kita-Alltag den Kindern stets einen gleichmäßigen Wechsel von An- und Entspannung ermöglicht. Bei der **Raumgestaltung** sollte darauf geachtet werden, dass Kinder die Chance haben, sich aus dem Geschehen auszuklinken und Orte des Rückzugs finden. Diese können beispielsweise eine kleine Höhle oder eine durch ein Regal abgetrennte Kuschelecke sein. Daneben können auch **Entspannungsspiele** regelmäßig in den Alltag integriert werden, wie etwa vor dem Abschlusskreis oder nach dem Mittagessen.

Entspannungsspiele sind mehr als Traumreisen oder andere Angebote, bei denen die Kinder vorrangig passiv sind. Entspannung kann ebenfalls mit Bewegung einhergehen. Auch Spiele, die den **Wechsel von An- und Entspannung** bewusst machen, tragen zu einer Entspannungskompetenz bei. Denn nur wer die beiden Qualitäten differenzieren kann, kann den entspannten Zustand bewusst wahrnehmen und willentlich herbeiführen.

Ein Entspannungszustand kann auch herbeigeführt werden, wenn die Kinder die Aufmerksamkeit auf einen bestimmten **Sinneskanal** lenken und sich damit auf nur eine Sache konzentrieren. Dieses gelingt beispielsweise gut mit den sogenannten Sinnesspielen. Dazu zählen ein Tastkim (ein Kimspiel, das den Tastsinn und das Gedächtnis der Mitspielenden anspricht) oder Geräuscheraten. Bei beiden Spielarten wird kein besonderes Material benötigt, aber eine größere Auswahl von Gegenständen aus dem Alltag der Kinder, die ihnen abgedeckt präsentiert werden oder die sie mit verbundenen Augen erraten müssen.

Zugvögel fliegen umher

Alter: ab 3 Jahren
Teilnehmer*innenzahl: ab 2 Kinder

So geht's

Die Kinder sind Zugvögel am Himmel. Sie breiten ihre Arme aus. Gehen die Arme hoch, so atmen sie tief ein. Werden die Arme gesenkt, so atmen sie aus. Dabei darf auch gern ein Atemgeräusch zu hören sein. So fliegen die Zugvögel mit kräftigen Armbewegungen durch den Raum.

Die stille Rassel

Alter: ab 4 Jahren
Teilnehmer*innenzahl: ab 2 Kinder
Das brauchen Sie: Rassel, Glocke oder Schale mit Murmel drin

So geht's

Die Kinder sitzen im Kreis und müssen absolut still sein. Sie haben (z. B.) die Rassel in der Hand und gehen zu einem Kind und überreichen ihm diese. Dabei sollte möglichst kein Geräusch zu hören sein. Das Kind steht auf und geht mit der Rassel zu einem anderen Kind, während Sie sich auf den frei gewordenen Stuhl setzen. Nach diesem Prinzip geht es so weiter, bis alle Kinder den Platz gewechselt haben.

Variation

Die Rassel wird im Kreis weitergegeben.

Die aufgehende Blume

Alter: ab 3 Jahren
Teilnehmer*innenzahl: ab 2 Kinder

So geht's

Die Kinder hocken sich auf den Boden. Sie sind eine Blumenzwiebel in der Erde. Nun kommt die Sonne heraus und eines der Kinder, der*die Gärtner*in, geht von Blume zu Blume und gießt sie. Dafür streichelt er*sie dem Kind behutsam über den Kopf. Das ist das Zeichen zum Wachsen. Die Kinder recken und strecken sich im Zeitlupentempo immer höher, bis sie auf ihren Zehenspitzen stehen.

Der langsame Robotertanz

Alter: ab 5 Jahren
Teilnehmer*innenzahl: ab 2 Kinder
Das brauchen Sie: ggf. Musik

So geht's

Die Kinder bilden Paare. Ein Kind ist ein Roboter. Das andere Kind ist der*die Mechaniker*in. Beide machen zusammen Gymnastik. Dafür tippt der*die Mechaniker*in ein Körperteil an und der Roboter bewegt dieses Körperteil. Dabei muss es völlig still im Raum sein. Der Roboter ist sehr empfindlich und er muss sich auf seine Körperteile konzentrieren. Der Roboter darf selbst entscheiden, wie er das Körperteil, welches angetippt wurde, bewegt. Es sollte aber nur ein kurzer Moment sein und dann wartet er auf den nächsten Knopfdruck des Mechanikers bzw. der Mechanikerin.

Variation

Die Aktion wird mit ruhiger Musik unterlegt, zu der die Roboter tanzen.

Schnuppertee

Alter:	ab 4 Jahren
Teilnehmer*innenzahl:	ab 3 Kinder
Das brauchen Sie:	Teebeutel oder Teedose

Vorbereitung

Eine gut riechende, lose Teesorte (z. B. Vanille- oder Erdbeertee) in einen Teebeutel packen oder in eine offene Teedose.

So geht's

Die Kinder sitzen im Kreis. In der Mitte liegt oder steht der Tee. Alle Kinder sind still und schauen zu Ihnen. Ziegen Sie auf ein Kind und dieses darf zum Tee schleichen, daran riechen und zurück auf seinen Platz gehen. Das Kind zeigt auf ein anderes Kind. Das geht nun zum Tee, schnuppert daran und geht zurück. Es zeigt auf ein neues Kind usw. Das Spiel ist zu Ende, wenn alle Kinder einmal geschnuppert haben. Während des Spieles darf nicht gesprochen werden.

Auto-Waschanlage

Alter: ab 5 Jahren
Teilnehmer*innenzahl: ab 13 Kinder

So geht's

Jeweils zwei Kinder stehen sich in einer Reihe gegenüber, sodass zwei lange Gassen gebildet werden. Die Kinder, die sich gegenüberstehen, sind ein Team und arbeiten in der Waschanlage zusammen. Sie haben eine besondere Aufgabe, welche Sie kurz erläutern und vormachen.

- *„Das Auto wird eingeschäumt."* (mit den Händen über den Rücken, die Arme, Schultern und Hände streichen)
- *„Das Auto wird geschrubbt."* (die Hände zur Faust machen und über den Rücken, Arme, Schultern, Hände schrubben)
- *„Das Dach wird gesäubert."* (mit einer Hand sanft über den Kopf streicheln)
- *„Die Fenster an den Seiten werden gesäubert."* (mit einer Hand sanft über Schultern und Arme streicheln)
- *„Das Rückfenster wird gesäubert."* (mit einer Hand sanft über den Hinterkopf streichen)
- *„Das Auto wird trocken geföhnt."* (die Kinder pusten das Kind an)
- *„Auf Wiedersehen. Kommen Sie bald wieder!"* (die Kinder klopfen vorsichtig auf Rücken, Schultern, Arme und Hände des Kindes)

Ein Kind ist das Auto. Es geht langsam durch die Gasse und genießt die Berührungen und Massagen der Kinder.

Variation

Bei großen Gruppen können zwei Kinder gleichzeitig durch die Waschanlage gehen. Ist ein Rollbrett vorhanden, kann ein Kind, welches im Schneidersitz auf dem Rollbrett sitzt, langsam von einem anderen Kind durch die Waschanlage geschoben werden.

Luftballon-Kinder

Alter: ab 4 Jahren
Teilnehmer*innenzahl: ab 2 Kinder

So geht's

Die Kinder bilden Teams. Ein Kind ist ein Luftballon und das andere die Luftballonpumpe. Das Luftballon-Kind macht sich auf dem Boden ganz klein. Die Luftballonpumpe pustet es mit tiefen, gleichmäßigen Atemzügen an. Der Luftballon wird damit größer und größer und das Luftballon-Kind macht die entsprechenden Bewegungen dazu. Es richtet sich auf, streckt Arme und Beine usw.

Am Ende geht die Luftballonpumpe einen Schritt zurück und dem Luftballon-Kind entweicht die Luft. Auch dieses wird pantomimisch dargestellt. Am Ende liegt das Luftballon-Kind wieder wie am Anfang des Spieles am Boden. Danach werden die Rollen getauscht.

Stille-Mikado

Alter: ab 4 Jahren
Teilnehmer*innenzahl: ab 2 Kinder
Das brauchen Sie: Besteck

So geht's

Die Kinder sitzen in einem großen Kreis. Sie kippen in der Kreismitte Besteck aus. Nacheinander darf jedes Kind zum Besteckhaufen gehen und ein Besteck herausnehmen – ohne dabei ein Geräusch zu machen. Wenn es doch ein Geräusch gibt, darf es das Besteck dennoch mit zu seinem Platz nehmen und dort ganz leise vor sich ablegen.

Arme und Beine ausschütteln

Alter: ab 5 Jahren
Teilnehmer*innenzahl: ab 2 Kinder
Das brauchen Sie: Decken als Unterlage

So geht's

Die Kinder bilden Teams. Ein Kind legt sich mit dem Rücken auf den Boden (ggf. auf eine Decke). Es streckt Arme und Beine aus und legt sie locker und entspannt auf dem Boden ab. Das andere Kind beginnt nun, einen Arm behutsam am Handgelenk zu fassen und vorsichtig „auszuschütteln". Das liegende Kind soll den Arm ganz entspannen und schwer machen. Der Arm wird wieder abgelegt und es geht weiter mit dem anderen Arm und nacheinander mit den Beinen. Am Ende hat das Kind auf der Decke noch ein wenig Zeit, um nachzuspüren. Wie fühlen sich die ausgeschüttelten Arme und Beine an? Danach erfolgt ein Rollentausch. Bei dieser Übung sollte nicht oder nur ganz leise gesprochen werden.

9.

ELTERNABEND: ÜBER DIE BEDEUTUNG VON BEWEGUNG FÜR KINDER INFORMIEREN

Nicht allen Eltern ist die Bedeutung von Bewegung für die gesunde Entwicklung ihrer Kinder bewusst. Im Rahmen eines **Elternabends in der Kita** können sie darüber informiert werden. Hilfreich ist es, wenn sich die pädagogischen Fachkräfte hierfür Fachleute einladen, die über die Wichtigkeit von Bewegung sprechen. Möglich ist aber auch, dass eine pädagogische Fachkraft selbst einen kurzen Vortrag zum Thema hält.

Stichpunkte für den Elternabend-Vortrag

Im Folgenden werden einige wesentliche Stichpunkte, die bei einem Elternabend-Vortrag zur Bedeutung von Bewegung für die gesunde Entwicklung von Kindern berücksichtigt werden sollten, genannt:

- Kinder haben einen großen **Bewegungsdrang.** Das kennen alle Eltern: Das Kind zappelt beim Essen auf dem Stuhl herum oder hüpft auf dem Sofa.
- Dieser Bewegungsdrang ist jedem Kind **angeboren.**
- Die Natur hat sich dabei etwas gedacht, dass Kinder sich viel und gern bewegen, denn Bewegung **fördert** die gesamte Entwicklung eines Kindes. Ohne Bewegung ist eine Entwicklung vom unselbstständigen Säugling bis hin zum*zur selbstständigen Erwachsenen kaum denkbar.
- Kinder **entdecken** die Welt durch Wahrnehmung und Bewegung. Sie klettern beispielsweise jede Treppe hoch, um zu erfahren, wie es dort oben aussieht.
- **Bewegungserfolgserlebnisse** machen Kinder stolz. Dies zeigen sie durch Aussagen wie: *„Ich kann schon allein Schwung machen auf der Schaukel!"* oder *„Ich kann schon Fahrradfahren!"* Sie können Kindern aber auch wichtige Grenzen aufzeigen, wie wenn dem Kind der Schwung auf der Schaukel beispielsweise noch nicht gelingt. Das Kind bekommt durch die Möglichkeiten und Grenzen, die es erfährt, ein Bild von sich selbst und äußert dies, indem es sagt: *„Das kann ich schon"* oder *„Das kann ich noch nicht."*
- Durch Bewegung machen Kinder etwas **Gemeinsames** mit anderen. Das ist wichtig für ihre soziale Entwicklung. Gemeinsame Bewegungserfahrungen sammeln sie beispielsweise bei Fange- oder Versteckspielen.

- Ohne Bewegung findet auch keine **Bewegungsentwicklung** statt.
- Bewegung trägt zur **körperlichen Gesundheit** bei. Durch Bewegung werden die koordinativen Fähigkeiten eingeübt, die Muskeln gekräftigt, die Beweglichkeit beibehalten und das Herz-Kreislauf-System sowie der Stoffwechsel angeregt.
- Bewegung und Psyche hängen eng miteinander zusammen. Bei Kindern ist das sehr deutlich, wenn sie beispielsweise vor Freude in die Luft hüpfen, vor Aufregung zappeln oder vor Wut mit dem Fuß aufstampfen. Bewegung trägt zur **psychischen Gesundheit** bei. Kinder sind stolz auf selbstständige Bewegungen und können durch sie innere Spannungen abbauen und Gefühle ausdrücken.

TIPP

Wir halten fest:

1. Bewegung ist ein Muss für eine gesunde, kindliche Entwicklung.
2. Bewegungsmangel kann psychische und physische Entwicklungsstörungen mit sich bringen.
3. Auch gesundheitliche, körperliche Erscheinungen, wie beispielsweise Übergewicht, können bei Bewegungsmangel auftreten.
4. Deshalb sollten sich Kinder in der Kita möglichst vielseitig bewegen können und dies sollte auch zu Hause möglich sein.
5. Es ist nicht notwendig, dass ein Kind in ein Fitnessstudio oder in einen Sportverein geht. Sowohl regelmäßige Bewegungsangebote drinnen oder draußen als auch die bewusste Abwechslung von Bewegung und Entspannung im häufig stressigen Alltag ermöglicht Kindern, sich gesund zu entwickeln.

Die Eltern beim Elternabend aktivieren

An einem Elternabend, an dem es um Bewegung geht, sollte natürlich auch tatsächliche Bewegung nicht fehlen. Besonders abends und nach einem Vortrag sind viele Eltern müde, also körperlich und psychisch schlapp. Durch eine kleine gedankliche und körperliche Aktivierung kann man in solchen Momenten schnell den aktivierenden Effekt von Bewegung wahrnehmen.

➤ **Gedankliche Aktivierung:** Die Eltern tauschen sich in Kleingruppen darüber aus, welche Kinderspiele sie als Kind gern gespielt haben. Was fanden die Eltern besonders gut an den Spielen? Wo haben sie diese gespielt? Wie alt waren sie zu dieser Zeit? Jede Gruppe stellt ihre Spiele anschließend vor. Wahrscheinlich ähneln sich die Spiele zu denen, die ihre Kinder heute auch spielen, denn Klassiker setzen sich in den Kitas auch oft durch (wie etwa Verstecken, Gummitwist und Ticken).

➤ **Körperliche Aktivierung:** Bei einem Elternabend kommen die Eltern nicht in Sportkleidung und fühlen sich überrumpelt, wenn sie sich körperlich intensiv betätigen sollen. Eine Runde Versteckspielen, das sicher jede*r Erwachsene, der in Deutschland aufgewachsen ist, kennt, wäre an einem Elternabend nicht angebracht. Vielmehr sollten Eltern animiert werden, ein Bewegungsspiel zu spielen, in dem sie nicht ins Schwitzen kommen, bei dem sie keine besonderen motorischen Leistungen erbringen müssen, was einfache Regeln hat und vor allem Freude macht.

Mit den folgenden Spielen können Eltern auf einem Elternabend gezielt in Schwung gebracht werden:

Schweinchen in der Mitte

Das brauchen Sie: Ball

So geht's

Alle Mitspieler*innen stehen im Kreis. Eine*r steht in der Mitte und ist das Schweinchen. Die Mitspieler*innen im Kreis werfen sich den Ball hin und her. Das Schweinchen in der Mitte muss versuchen, den Ball abzufangen. Hat das Schweinchen den Ball gefangen, ist der*die das neue Schweinchen, der*die den Ball geworfen hatte.

Eins, zwei, drei, Berliner Schritt

So geht's

Ein*e Mitspieler*in stellt sich auf eine Seite des großen Spielfeldes. Die anderen Mitspieler*innen stellen sich nebeneinander auf die gegenüberliegende Seite des Spielfeldes. Der*die allein stehende Mitspieler*in dreht sich um die eigene Achse und ruft dabei laut und deutlich: *„Eins, zwei, drei, Berliner Schritt!"* Während der Spruch gesagt wird, laufen alle anderen Mitspieler*innen in seine*ihre Richtung. Ist der Spruch zu Ende, also auf „Schritt", müssen alle in ihrer Position verharren. Die Person, die den Spruch zuvor gesagt hat, schaut genau, ob sich nicht doch jemand bewegt. Ist das der Fall, muss dieser drei Schritte zurückgehen. Dann beginnt die nächste Runde. So geht es immer weiter, bis jemand die Person erreicht hat und sie antickt. Das ist dann der*die Sieger*in des Spiels.

Mutter, Mutter, wie viele Schritte darf ich gehen?

So geht's

Ein*e Mitspieler*in wird als Mutter bestimmt. Er*sie steht auf der einen Seite des Spielfeldes – und zwar mit dem Rücken zum Spielfeld. Auf der anderen Seite des Feldes stehen die anderen Mitspieler*innen in einer Reihe nebeneinander. Die Mitspieler*innen rufen nacheinander: *„Mutter, Mutter, wie viele Schritte darf ich gehen?"* und die Mutter antwortet jeder*jedem. Dabei kann sie entscheiden zwischen einem und fünf Schritten und dabei noch zwischen Mäuseschritten und

Elefantenschritten. Darüber hinaus darf sie noch bestimmen, ob die Schritte vorwärts oder rückwärts erfolgen sollen. Antwortet sie beispielsweise: *„Drei Elefantenschritte vorwärts!"*, so darf der*die Mitspieler*in drei sehr große Schritte in Richtung Mutter machen. Wer zuerst die Mutter erreicht und sie angetippt hat, darf in der nächsten Runde die Mutter sein.

Affe, Elefant, Palme!

So geht's

Die Spieler*innen stehen im Kreis. Eine Person steht in der Kreismitte. Sie zeigt auf eine Person und sagt: „Affe", „Elefant" oder „Palme". Die Person, auf die gezeigt wurde, muss schnell pantomimisch einen der genannten Begriffe darstellen – gemeinsam mit den Personen, die links und rechts neben ihr stehen.

Die Darstellung könnte beispielsweise so aussehen:

- *„Affe!"* – Die Person, auf die gezeigt wurde, hält sich die Ohren zu. Die rechte Person hält sich den Mund zu und die linke Person hält sich die Augen zu.
- *„Elefant!"* – Die Person auf die gezeigt wurde, stellt mit beiden Armen einen Elefantenrüssel dar (mit einer Hand die Nase zuhalten und den anderen Arm durch das entstandene Armloch stecken) und ruft „Töröööö!" Die Personen links und rechts stellen die großen Elefantenohren mit beiden Armen pantomimisch dar.
- *„Palme!"* – Die Personen links und rechts stellen sich hinter die Person, auf die gezeigt wurde. Alle recken die Arme nach oben. Die Arme stellen die Palmwedel da, die sich langsam im Wind nach rechts und links neigen.

Haben alle Personen die richtige Position eingenommen, vergibt die Person in der Mitte an jemanden anders die nächste Aufgabe. Ist eine Person zu langsam oder macht jemand eine falsche Bewegung, ist diese Person in der Mitte und darf Aufgaben verteilen ... bis wieder ein kleiner Fehler passiert.

Den Eltern Tipps für ihren bewegten Familienalltag geben

Mit folgenden Tipps können Eltern ihren bewegten Familienalltag etwas gelassener gestalten und den Kindern ausreichend Raum geben, ihren natürlichen Bewegungsdrang auszuleben:

- Möglichst ruhig bleiben, wenn das Kind mal wieder zappelig ist. Der Bewegungsdrang ist angeboren und für Erwachsene nicht immer gut auszuhalten.
- Möglichst eine Freifläche im Kinder- oder im Wohnzimmer haben, auf der das Kind sich bewegen kann.
- Mit dem Kind (und Freund*innen des Kindes) draußen auf freie Flächen und Spielplätze gehen.
- Vielseitig verwendbares Spielmaterial zur Verfügung stellen, das zu Bewegung einlädt (z. B. Springseil, Gummitwist, Ball, Reifen).
- Auch alltägliche Tätigkeiten, wie das An- und Ausziehen, Staubsaugen oder den Hof fegen, sind Bewegung. Das Kind sollte deshalb bewusst auch in alltägliche Verrichtungen zu Hause einbezogen werden.
- Mit dem Kind zu Fuß gehen, statt für kurze Strecken mit dem Auto zu fahren und/oder Treppen bevorzugen, statt Fahrstuhl oder Rolltreppe zu benutzen.
- Dem Kind auch Gefahrensituationen zutrauen (z. B. hoch auf ein Klettergerüst klettern) und ihm nicht immer zu Hilfe springen. Es wird merken, wie viel es sich zutrauen kann.
- Dem Kind seine Bewegungserfahrungen machen lassen. Es ist nicht nur für den Rücken der Eltern schädlich, wenn sie ihrem Kind auf alle möglichen Spielgeräte hieven. Es sollte nur das machen, was es selbst kann. Ein Kind ist nicht stolz auf sich, wenn es bewegt wird, sondern wenn es das aus eigener Kraft schafft.
- Die Zeit nutzen, in der sich das Kind bewegt, um sich auch zu bewegen. Mit dem Kind beispielsweise einmal schneller die Straße entlanglaufen oder auch freudvoll über den Gullideckel springen. Zu zweit macht es noch viel mehr Freude.

Bei einem Eltern-Kind-Nachmittag gemeinsam in Bewegung kommen

Es gibt nicht wenige Erwachsene, die ganz schöne Bewegungsmuffel sind. Um Bewegung mit Kindern freudvoll zu erleben und damit die Chance zu erhöhen, mehr Bewegung in den Familienalltag zu integrieren, kann ein Eltern-Kind-Nachmittag in der Kita sinnvoll sein. Neben der Vermittlung der Wichtigkeit von Bewegung für Kinder ist bei einer solchen Veranstaltung ein schöner Nebeneffekt, dass soziale Kontakte geknüpft und gemeinsame Aktionen geplant werden können. Eltern können außerdem einfache **kindgerechte Bewegungsideen** kennenlernen und sie auch gleich ausprobieren.

Eine gute Bewegungsmöglichkeit bietet die Durchführung einer **Olympiade** unter dem Motto: *„Freude an gemeinsamer Bewegung"*. Jedes Kind und alle Eltern können bei den Disziplinen mitmachen. Es können circa fünf olympische Sportstationen aufgebaut werden. Jede Station wird durch eine*n Erwachsene*n betreut. Die Olympiade sollte mit Laufkarten durchgeführt werden. Jede*r Teilnehmer*in bekommt zu Beginn eine solche Karte in die Hand. Auf jeder Karte sind alle Stationen abgebildet und diese werden mit einem Stempel oder Kreuzchen bestätigt, wenn sie mit Bravour gemeistert wurde. Am Ende bekommt jede*r Teilnehmer*in eine Medaille, der*die alle Stationen ausprobiert hat.

Folgende olympische Stationen könnten beispielsweise eingerichtet werden:

Dreibeinlauf

Das brauchen Sie: Tücher

So geht's

Zwei Teilnehmer*innen bilden ein Team. Sie stehen nebeneinander und das linke Bein des*der einen wird mit dem rechten Bein des*der anderen mit einem Tuch zusammengebunden. Nun muss das Team eine bestimmte Strecke „auf drei Beinen" zurücklegen.

Entenwettlauf

So geht's

Die Teilnehmer*innen stellen sich nebeneinander an eine Startlinie und hocken sich auf den Boden. Nun wird gezählt: „Auf die Plätze. Fertig. Los!" und alle gehen in der Hocke vorwärts bis zur Ziellinie.

Hinweis

Die Erwachsenen dürfen schummeln, indem sie aufstehen, beim Gehen im Watschelgang (mit den Füßen nach außen, wie ein Pinguin) die Arme anwinkeln und auf- und abführen und wie eine Ente schnattern.

Teebeutelweitwuf (Indoor)

Das brauchen Sie: Teebeutel

So geht's

Von einer Startlinie aus haben die Teilnehmer*innen die Aufgabe, den Teebeutel möglichst weit zu werfen

Kutschenrennen (Indoor)

Das brauchen Sie: Bettlaken oder Handtücher

So geht's

Ein*e Erwachsene*r und ein Kind bilden ein Team. Jedes Team bekommt ein Bettlaken. Dieses wird auf der Startlinie ausgebreitet. Das Kind setzt sich im Schneidersitz drauf oder legt sich bäuchlings auf das Laken. Der*die Erwachsene hält einen Zipfel des Lakens fest. Nach dem Startkommando ziehen die Erwachsenen die Kinder schnell rüber auf die andere Seite.

Hinweis

Es ist auch möglich, dass drei Kinder eine*n Erwachsene*n auf dem Laken über den Boden ziehen.

Wettkrabbeln (Indoor)

So geht's

Alle Teilnehmer*innen knien sich an die Startlinie. Auf ein Kommando hin beginnen alle, ganz schnell zur Ziellinie zu krabbeln.

Sandbergschaufeln

Das brauchen Sie: Schaufeln, Sandkasten, Uhr

So geht's

Die Teilnehmer*innen werden in zwei Gruppen eingeteilt. Sie stehen getrennt voneinander. Alle bekommen eine Schaufel. Auf das Startzeichen hin beginnen alle, so schnell wie es geht, so viel Sand wie möglich auf einen Haufen zu bringen. Nach zwei Minuten ist eine Runde zu Ende. Welcher Haufen ist größer? Alle, die mitgemacht haben, bekommen einen Stempel oder ein Kreuz auf ihrer Laufkarte.

Ein paar Worte zur Aufsichtspflicht in Bewegungssituationen

In Bewegungssituationen besteht immer auch eine **Verletzungs- oder Unfallgefahr.** Zum Beispiel kann ein Kind auf dem Spielplatz im Außengelände oder Umfeld der Kita von einer Schaukel fallen und sich dabei einen Arm brechen. Die pädagogischen Fachkräfte haben die Aufsichtspflicht für alle Kinder in ihrer Kita, gemäß ihres Erziehungs- und Bildungsauftrages. Zu diesem Auftrag gehört auch, dass pädagogische Fachkräfte dem Kind zu Selbstständigkeit und Eigenaktivität verhelfen sollen. Fachkräfte sind damit aufgefordert, pädagogische Aspekte und **Sicherheit immer abzuwägen.** Sie müssen Kinder darin unterstützen, Risiken und Gefahren selbst einschatzen zu lernen. Um dies zu gewahrleisten, kann nicht jede Gefahrensituation von den Kindern ferngehalten werden. Ansonsten dürfte kein Kind mehr auf ein Klettergerüst klettern oder versuchen, von einer Schaukel abzuspringen. (Vgl. Hubrig 2018, S. 174)

Die pädagogischen Fachkräfte können das Verhalten der ihnen anvertrauten Kinder im Großen und Ganzen gut einschätzen und Situationen so arrangieren, dass die Kinder nur Risiken in Bewegungssituationen begegnen, die sie bewältigen können und die nicht gefährlich sind. Das kann von Kind zu Kind sehr unterschiedlich sein. Grundsätzlich muss die Fachkraft alle **Gefahrenquellen,** soweit es geht, **beseitigen,** wie etwa Glasscherben auf dem Außengelände oder die sofortige Absperrung und Reparatur eines defekten Treppengeländers. Die Bewegungsräume der Kinder müssen **ständig überprüft** werden. Eine pädagogische Fachkraft hat die Aufsichtspflicht nur dann verletzt, wenn sie keine klaren Absprachen mit den Kindern getroffen hat oder wenn das Gelände, auf dem sich die Kinder bewegt haben, Gefahrenquellen aufwies, wie etwa einen defekten Zaun. Die Fachkraft muss die Kinder vor dem Spielen **auf mögliche Gefahren hinweisen.** Kleine Kinder oder Kinder, die dafür bekannt sind, dass sie die Regeln nicht verlässlich einhalten, müssen dennoch immer wieder beobachtet und kontrolliert werden. (Vgl. Hubrig 2018, S. 174 ff.)

Quellen- und Literaturhinweise

Bundeszentrale für gesundheitliche Aufklärung (BZgA) (2016):
Nationale Empfehlungen für Bewegung und Bewegungsförderung,
Forschung und Praxis der Gesundheitsförderung, Sonderheft 03,
hrsg. Alfred Rütten und Klaus Pfeifer,
www.bundesgesundheitsministerium.de/fileadmin/Dateien/3_Downloads/B/Bewegung/Nationale-Empfehlungen-fuer-Bewegung-und-Bewegungsfoerderung-2016.pdf
(aufgerufen am 16.10.2020)

Circus, Hans:
Körperliche Gesundheit, Belastbarkeit und Leistungsfähigkeit,
in: Deutsche Sportjugend. Bewegung, Sport und Spiel mit Kindern.
Lehr- und Lernmaterialien zur frühkindlichen Bewegungserziehung,
hrsg. v. Renate Zimmer, Meyer & Meyer Verlag: Aachen 1995, 2. Auflage

Deutscher Kinderschutzbund Landesverband NRW e. V. (2020):
Bewegungsmangel bei Kindern.
Ursachen, Folgen und Veränderungsmöglichkeiten,
www.kinderschutzbund-nrw.de/pdf/denk_Bewegungsmangel.pdf
(aufgerufen am 16.10.2020)

Hubrig, Silke:
Bewegung in der Kita.
Lehrbuch für sozialpädagogische Berufe,
Bildungsverlag EINS: Köln 2014, 2. Auflage

Hubrig, Silke:
Bewegungsspiele für mehr Sozialkompetenz in Kindergruppen.
Cornelsen: Berlin 2018

Hubrig, Silke:
Die Kita-Spielesammlung für draußen.
Einfache Aktionen für das Außengelände,
Verlag an der Ruhr: Mülheim an der Ruhr 2020

IN FORM (2020):
Bewegung fördert die Entwicklung von Kindern,
hrsg. v. Bundesministerium für Ernährung und Landwirtschaft,
Bundesministerium für Gesundheit,
www.in-form.de/wissen/bewegung-spielt-eine-wichtige-rolle/
(aufgerufen am 16.10.2020)

IN FORM (2020):
Bewegung im Kindesalter,
hrsg. v. Bundesministerium für Ernährung und Landwirtschaft, Bundesministerium für Gesundheit,
www.in-form.de/in-form/experten/bewegung-im-kindesalter/
(aufgerufen am 16.10.2020)

IN FORM (2020):
Bewegung in Kita und Schule,
hrsg. v. Bundesministerium für Ernährung und Landwirtschaft, Bundesministerium für Gesundheit,
www.in-form.de/wissen/bewegung-in-kita-und-schule/
(aufgerufen am 16.10.2020)

Kambas/Antoniou/Xanthi/Heikenfeld/Taxildaris/Godolias (2004):
Unfallverhütung durch Schulung der Bewegungskoordination bei Kindergartenkindern,
in: Deutsche Zeitschrift für Sportmedizin, Jahrgang 55, Nr. 2, S. 44–47,
www.germanjournalsportsmedicine.com/fileadmin/content/archiv2004/heft02/Kambas.pdf (aufgerufen am 16.10.2020)

KiGGs (2018):
Wie geht es den Kindern und Jugendlichen in Deutschland?
Studie des Robert-Koch-Instituts Berlin,
www.bundesgesundheitsministerium.de/fileadmin/Dateien/5_Publikationen/Praevention/Berichte/ErgebnisbroschuereKiGGS.pdf (aufgerufen am 16.10.2020)

WHO (2014):
Verfassung der Weltgesundheitsorganisation (Übersetzung von 2014),
Französischer Originaltext von 1948,
www.admin.ch/opc/de/classified-compilation/19460131/201405080000/0.810.1.pdf
(aufgerufen am 06.11.2020)

Zimmer, Renate:
Handbuch der Bewegungserziehung.
Didaktisch-methodische Grundlagen und Ideen für die Praxis,
Herder Verlag: Freiburg im Breisgau 1993, 7. Auflage

Register der Bewegungsspiele

Achtung! Alarm am Gummizaun 28
Achtung, Pfütze! 53
Affe, Elefant, Palme! 86
Alle Toiletten fliegen hoch! 46
Arme und Beine ausschütteln 80
Aufgepasst! 64
Aufräumkönig*in befiehlt 38
Auto-Waschanlage 78
Balanceakt 50
Blindes Aufräumen 40
Chaos im Zoo! 31
Der langsame Robotertanz 76
Die aufgehende Blume 76
Die Aufräumkette 39
Die klebende Zeitung 57
Die Polizei braucht Hilfe 63
Die sportliche Schlange 58
Die stille Rassel 75
Dreibeiniges Aufräumen 39
Dreibeinlauf 89
Ein Ausritt mit dem Pferd 71
Ein Hut, ein Stock, ein Regenschirm 70
Ein Schneesturm kommt 28
Eine Fahrradtour vor dem Mittagessen 47
Eins, zwei, drei, Berliner Schritt 85
Entenwettlauf 89
Flinke Seilhüpfer 64
Flussüberquerung 53
Füchse fangen 65
Haltet das Spielfeld sauber! 25
Handtuchtransport 35
Hilfe, ich bin in den Brunnen gefallen! 24
Hüpfmuster 56
In der Zeitungsdisco 27
Inselparcours 52
Kettenfangen 66
Kissenwurf 31

Kutschenrennen (Indoor) 90
Lasst den Reifen wandern! 24
Laufstegmodels 52
Luftballon-Kinder 79
Lustige Krabbelwesen 57
Mäuschen, steht still! 61
Mit den Füßen aufräumen 38
Mutter, Mutter, wie viele Schritte darf ich gehen? 85
Nicht den Boden berühren 22
Pferderennen 43
Pflasterticken 62
Rennstrecken 70
Sandbergschaufeln 90
Schlittschuhlaufen 55
Schnelle Schlittenhunde 51
Schnellschwimmer*innen 55
Schnuppertee 77
Schweinchen in der Mitte 85
Sitzgymnastik vor dem Essen 44
Spiegelkind 42
Stille-Mikado 79
Tanzwettbewerb 35
Teebeutelweitwuf (Indoor) 89
Ticken und Erlösen 63
Transporter unterwegs 37
Transportprofis 54
Triff den Mülleimer! 36
Verstecken mit Sucher*innenkette 62
Vor dem Aufräumen macht der Storch die Runde 34
Vor, hinter, unter, auf, neben dem Tisch 23
Wer hat an der Uhr gedreht? 32
Wettkampf gegen den Wecker 36
Wettkrabbeln (Indoor) 90
Wettspiel 44
Wir fahren mit dem Boot 29
Wir gehen auf Schnitzeljagd 72
Zugvögel fliegen umher 75
Zungenbrechergymnastik 45
Zusammengeklebt bewegen 26

Autoreninfo

Silke Hubrig ist Berufsschullehrerin an der Fachschule für Hauswirtschaft, Gesundheit und Sozialpädagogik in Bremen mit dem Schwerpunkt Bewegung und Sport. Zuvor war sie als Erzieherin sowie Tanz- und Bewegungspädagogin tätig. In verschiedenen pädagogischen Fachverlagen sind ihre Bücher erschienen, die sich dem Thema frühpädagogische Praxis in Kita und Krippe widmen.